# 大奥日本

茂呂美耶

## 大奧的餐桌

## 大奧的這些人與那些事



## 大奧的終結

# 前言

## 江戶時代的幕藩體制與身分制度

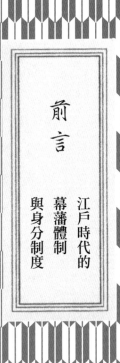

## 一　幕藩體制與身分制度　一

就日本史的範圍來說，江戶時代的幕藩體制，是發展至頂峰的封建社會。那麼，何謂幕藩體制或幕藩制國家呢？我們要先理解幕藩體制的結構與特性，才能抓住整個江戶時代的歷史背景。

日本自中世紀以來，便逐步在進行「兵農分離」政策。而統一百年亂世，持續封建制度的織田信長、豐臣秀吉、德川家康政權，花了將近三世紀歲月，逐次將「兵農分離」政策歸結為士農工商身分制度，以及全村承包貢米的徵稅制度。

「兵農分離」制度並非單純隔開職業軍團的武士與生產者的農民，而是更進一步讓武士集中住在城市，讓農民留在農村負責生產，最後讓城市支配農村的體制。士農工商身分制度是在「兵農分離」過程中所衍生的基本階級制度，目的是為了區分武士與農民的身分。

基本階級制度的經濟性媒介是「石高制」[1]，也就是土地的穀物生產毛額，再從「石高制」導出農民稅貢、武士受薪俸祿等。這時期，日本的經濟生產力是水稻耕作，幕府連無法種稻的耕地、山林、原野都以「石高」計算，因而幕府公定的「石高」與實際的收穫量有相當大的差距。

武士階級的俸祿以及領主階級的土地面積，均以「石高」計算，再根據「石高」多寡構築成以將軍為頂點的金字塔型體制。全國的土地及老百姓均歸將軍所有的觀念，正是通過這種「石高制」與士農工商身分制度而形成。

將軍相當於居最高位的領主，大名[2]與下級領主的土地及老百姓，都是受將軍委託或寄存的財產，大名並非擁有「所有權」，也就沒有自由處置的權利。大名只是代替將軍統治而已，這正是「幕藩體制」的特點。

此外，士農工商身分制度本來是區別職業的制度，結果職業變成天職、本分，形成一種世襲身分制度。

階級與階層是一種流動性的概念，與經濟有關，只要擁有財力，便能躋身上流階層，但身分是法制世襲制度，無法改變。不過，兩者關係密切，身分制度包含了階級與階層概念，但身分意識可以淡化階層的對立關係。

---

1 —— 以公定土地面積算出預估穀物生產量，用來表示該土地的生產能力，並以此數字當作課徵基準，因而往往與實際生產量有很大差距。石高：こくだか，Kokudaka。

2 —— 大名：だいみょう，Daimyō。日本封建時代的領主稱呼，例如「戰國大名」、「守護大名」等。

比方說，江戶時代的基層老百姓（國民）是農民階級，但真正可以稱為「正規農民」的人，僅限擁有土地及住居，並有能力負擔公定稅收、各種雜稅、勞役等責任的農民。「正規農民」身分中，又依次有富農地主（村長）、五公畝小農、租用他人田地的佃農、沒有徵稅基準石高的農民等。也就是說，同樣是農民階級身分，內部也有階層之別。上層農民和下層農民之間的矛盾與對立問題，都被隱藏在「農民階級」這個身分制度背後，令農村形成一種牧歌田園式的共同體形象。

幕藩體制之所以能夠持續它牢固的身分制度社會，在於武士階級獨占了強大軍力，而武士階級中的最高掌權者正是將軍。

因「兵農分離」而遷移至城市的武士階級，其實是毫無生產能力的國民。為了讓武士階級的特權合理化，幕府給武士階級冠上一個「教化愚民」的名目，當作武士階級的天職兼社會任務。「愚民」正是農、工、商這三種身分的人。

農、工、商階級內部，雖然也有階層對立問題及內部規則，但武士階級的內部規則最嚴格。武士不准從事任何工商業，而且由於離開農村，成為城市居民，也不可能再務農。

將軍出城鷹獵時，有些身為幕臣的窮御家人，為了賺外快，在沿途開飲食店或其他小店，結果被抓包而遭開除的例子非常多。武士也不能公然做副業。此外，日本時代電視劇或電影中常見的「切捨御免」，亦即武士遇到令武士無法容忍的無禮行為時，就地斬殺「愚民」也不會受罰的武士特權，其實也不能濫用，事後都要遭查辦。

為了一眼即能看出身分，幕府在衣食住行各方面都有規定。例如武士、商人可以穿絲綢衣服，農民則除了村官，一律只限穿布衣，而且只限素色。農民明明是貢米生產者，但幕府規定農民平日不准吃白米，只能吃雜糧。

身分高下則根據門第。如果是武士階級，藩主一族或親戚家的門第最高，藩士門第也根據祖先淵源而有別。若是農民，大抵是開拓者後裔或世襲村長家的門第最高。另有一些負責勞役的中上階層農民，門第也不低，是村落祭奠活動委員之一，參與村落的土地神祭典時，通常可以坐在神社內的上座。不僅祭奠儀式，其他如公用土地、灌溉用水等都有優先使用權，也擁有針對村落大小事的發言權。

至於商人，階層更多，上至被允許冠姓佩刀的御用商人，下至挑擔提籃沿街叫賣的小販，多不勝數。

門第高的農民或商人，經濟力也強大，領主以門第為誘餌，讓他們主動提供財力。如此，士農工商身分制度反映在幕府、諸藩的權力高度集中，不但極其牢固，且與各式各樣的職業結合，形成非常複雜的構成。這種身分制度結構也應用在武家階級的家族制度上。

## 武士階級的女性

江戶時代的家族制度是身分制度的縮圖，兩者均為支撐幕藩體制社會的主樑。典型的例子是武士階級的家族制度，武士階級最能顯現出封建家族制度的特質。

武士的家庭構成成員，以戶長和妻子以及直系後裔為主，有時會加入叔父、侄子與旁系親屬。武士門第的嫡出長子擁有優先繼承權，而且是單獨一人繼承，繼承的是領地、俸祿及家名。不過，武士門第的繼承手續，並非現代法律所規定的那種繼承權，而是基於領主與家臣的主僕關係，必須先向領主申請繼承許可，算是個人契約關係。家臣武士門第的領地和俸祿，通常僅限一代，要是主君不高興，隨時可以收回家臣的領地與俸祿。

武士門第一家人中，主權最強的是身為戶主的父親，其次是擁有繼承資格的長子，地位最低的是女子。武士階級的夫妻關係也是主從關係，妻子相當於「生孩子的道具」。

武士階級的婚姻，光是父母同意也不行，第一條件是徵得主君同意。雙方門第若不相稱，婚事便無法成立。由於是門第與門第的聯婚，父母有權強迫子女嫁娶哪一家。

現代人的自由戀愛，在當時被視為苟合或私通，當事人若是女兒，不但會遭父母懲罰，有時甚至會遭殺害。大奧發生過一起真實例子，某將軍側室於將軍過世後，退出江戶城，結果與其他男子發生曖昧關係，娘家為了維護門第，派人暗殺了女兒，事後再向幕府提出女兒病歿的報告。

此外，幕末時期，水戶藩[3]有個換了八次妻子的藩士例子，據說夫妻關係其實很圓滿，只是媳婦遭婆婆虐待，丈夫不得不休掉妻子。武士階級的離婚手續很簡單，只要丈夫在休書列出離婚理由，即便是「沒緣分」、「不闔家規」等不成理由的理由，離婚也能成立。妻子雖沒有要求離婚的權利，但丈夫失蹤三年，或妻子逃進「緣切寺」[4]住上兩年，便能離婚。

---

3 —— 水戶藩：みとはん，Mitohan。茨城縣中部及北部，藩主是「御三家」之一的水戶德川家。

4 —— 緣切寺：えんきりでら，Enkiridera。切斷緣分的寺院。女性若想離婚，可以逃進「緣切寺」躲避相關人員的追蹤，在寺院住兩年以上，離婚便能成立。

地位與女子差不多的是未婚的次子、三子等男子，他們通常住在父親或長子繼承的老家，坐冷板凳、吃冷飯，讓父親或哥哥養。

以上是武士階級家庭中的大致身分關係。不過，同樣是武士階級，將軍、大名夫人與下級武士、武士家僕役的妻子，立場又截然不同，待遇也相去甚遠。至於其他三階級的農、工、商「愚民」妻子，以及另一層處於社會底層的「賤民」女子，則又另當別論。

## ——參勤交代制度——

「參勤交代」[5]制度並非江戶德川幕府的專利，自古以來，日本的君臣之間便有類似制度。例如豐臣秀吉掌權時，諸大名聚集在大阪或伏見，織田信長興築安土城時，同時也在城外修建諸大名宅邸。再縮小範圍來看戰國大名，各大名為了統治家臣，都不准家臣擅自建造城廓，重臣均住在主君所在之處，領地交給代理官職的人管理。

再往前看戰國時代之前的室町幕府，由於分散於各地的守護大名聚

5——參勤交代：さんきんこうたい，Sankin-kōtai。日本江戶時代體制，各藩大名每年須前往江戶為幕府執行政務，待規定日期過後，再返回自己的領地。

集在京都，領地都交給重臣統治，才會興起一陣下剋上的巨流。日本歷史的中世紀與近代的分歧點是「應仁之亂」（一四六七～七七），也就是促使日本進入戰國時代的動亂。當時的幕府無法控制內亂，主要是因為幕府以京都為中心，派出諸大名前往四處平定叛亂，但在戰地打仗的諸大名，擔憂自己的領地也會發生叛亂，於是紛紛收兵跑回自己的領地。

服從者匯集在統率者的住處，表示遵從的誠意，本來就是一種慣例，江戶幕府只是將此慣例定期化並法制化而已。臣下為了證明服從心意，最簡便的方法正是送出人質。江戶幕府讓大名的母親、孩子、重臣（多是大名一族）移住江戶，等於讓大名交出人質。

換句話說，「參勤交代」制度是武士門第社會在穩定過程中衍生出的人質制度。之後，社會逐漸安穩，大名的妻子、兒子定居江戶成為理所當然的規矩，也就逐漸失去人質意識，變成土生土長的江戶人，對江戶懷有深厚感情。

諸大名讓妻子、兒子留在江戶宅邸，再遵從參勤交代的規定，於一定期間離開江戶返回領地居住。這對諸大名來說，到底哪邊才是生活據點呢？

猶如東京總公司的職員，奉命調到札幌或福岡支店工作，往往只能讓家人留在東京，隻身前往支店過單身生活。幕府規定諸大名返回領地居住的期間是一至三年。據說，習慣了大城市文雅生活的大名，每次返回領地居住時，都會過得悶悶不樂。尤其那些跟隨大名回鄉的城市家臣，經常與長年留守領地的家臣鬧磨擦，嫌他們頑固、粗魯、沒文化。反之，若鄉下家臣獲得可以跟隨主君前往江戶居住的機會，都會樂不可支，讓周遭人羨慕得要死。

大名世子多半在江戶出生，並在江戶長大。這些世子待父親過世，繼任為領主，再遵從參勤交代的規定，通常才生平第一次踏入自己的領地。領地的家臣或老百姓會舉國歡迎新藩主返鄉，新藩主大概也是第一次離開江戶，與現代人的出國旅遊類似。

不用說，大名除了在江戶有正室、側室外，在鄉下藩國也有側室。現代某些已婚男人也流行在赴任所在包二奶，何況大名？只是，不管在江戶或領地，大名有側室是天經地義，不用「包」也不用「藏」。

# 女人的戰場——大奧

## — 江戶城的起源 —

當前的江戶城（皇居）原型，是日本室町時代後期武將太田道灌[1]，於一四五七年負責修築而成。太田道灌是武藏國守護代（守護代理職）扇谷上杉氏重臣，因上杉氏與古河公方足利成氏[2]對立，遂命太田道灌在江戶設立據點，以便擋禦古河公方陣營。上杉氏是戰國時代「越後之龍」上杉謙信[3]的氏族，古河公方足利成氏在當時是謀殺關東管領[4]的叛徒。「扇谷」和「古河」皆為地名，「扇谷」位於現今神奈川縣鎌倉市，「古河」位於現今茨城縣古河市，武藏國領域則相當於現今東京都（不含外島）、埼玉縣、神奈川縣東北部。「公方」意味管領。

據說，當時的江戶城建築群，有子城、中城、外城三部分，其中的中城，便是德川家康[5]於日後構築本丸[6]之處。

太田道灌

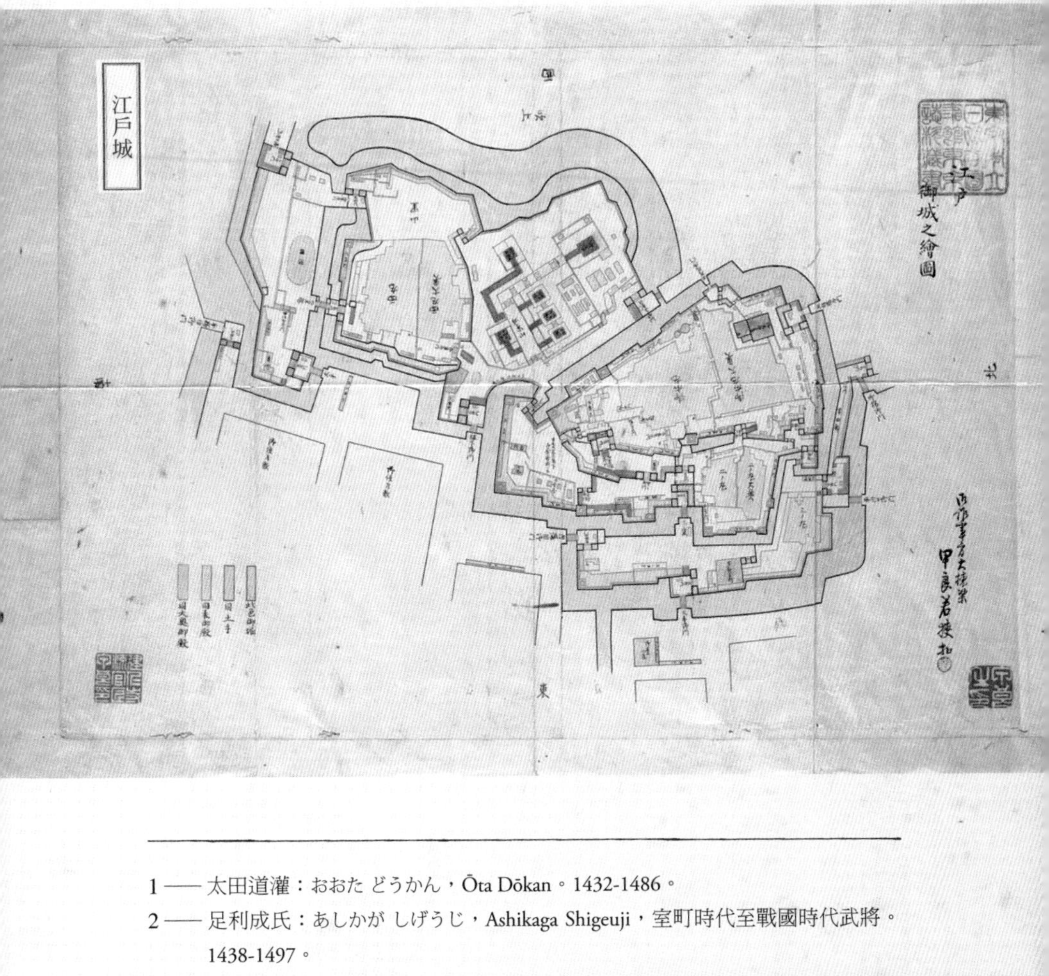


江戶城

1 —— 太田道灌：おおた どうかん，Ōta Dōkan。1432-1486。

2 —— 足利成氏：あしかが しげうじ，Ashikaga Shigeuji，室町時代至戰國時代武將。1438-1497。

3 —— 上杉謙信：うえすぎ けんしん，Uesugi Kenshin，戰國時代大名。1530-1578。

4 —— 管領：かんれい，Kanrei。輔助將軍管理、統治領地，幕府中央最高行政官。

5 —— 德川家康：とくがわ いえやす，Tokugawa Ieyasu，戰國時代大名、江戶幕府創設者、第一代江戶幕府將軍。1543-1616。

6 —— 本丸：ほんまる，Honmaru。城堡中心，城主居所，守城戰中為最後據點。

「江戶」意味「江之門」，也就是河口。

這一帶自平安時代末期至鎌倉時代初期，約二百年期間均為江戶氏的領土。江戶氏沒落後，城館所在的江戶也淪為荒村，後來由太田道灌築城，之後過了一百三十多年，德川家康入封關東，再度增築江戶城，費時約半世紀完成。

原本有一座五重六層的天守閣，一六五七年發生「明曆大火」時遭燒燬，之後一直沒有擴建。話雖如此，江戶城依舊是日本規模最大的近代城廓，東西約五・五公里，南北約四公里，周長含外廓約十五・七公里。

某些作家或專家指稱，江戶城及江戶市鎮是基於古代中國風水思想的「四神相應」格局而建。根據陰陽道，「四神」意味東方「左青龍」、西方「右白虎」、南方「前朱雀」、北方「後玄武」。具體上說來，是東方有流水，西方有長道，南方有汙池，北方有丘陵，為最貴地。京都平安京正是根據「四神相應」思想而築。

只是，另有專家主張，德川家康的江戶城可能根據當時的「北条流」[7]兵法築城術而建，也就是說，北高、南低、東西有流水。畢竟江戶並非德川家康主動選擇的地點，他是迫不得已才遷入江戶，再說，江戶城建築工程耗時多年，第一期工程和第二期工程總監並非同一人，也非僅有一人，很難判斷是否真的依據中國風水思想。

若根據江戶時代中期的著名武士、兵法家，大道寺友山[8]所著的隨筆《落穗集》，書中確實提到「江戶實為符合四神相應之地」，又說，「即便江戶地形符合四神相應，倘若物流不便，也不適合將軍所在」。正因為江戶地理位置適合物流需求，德川家康掌握天下後也就不再遷移。

不過，《落穗集》中提到的「四神相應」，不是古代中國風水思想的青龍、白虎、朱雀、玄武，而是「北条流」的北高、南低、東西有流水之條件。戰國大名上杉謙信則堅持「東方流水、西方原野、南方農田、北方山林」……看來，「四神」會隨時代而變，也會隨君主統治的地形而異。

我個人很喜歡閱讀這類雜七雜八書籍，尤其是史地學者教授與非史地專家的一般作家所展開的辯論，非常有趣。至於江戶城是否「四神相應」，對我來說，無可無不可，只要東京平安無事，且富士山（玄武）[9]不要爆發就好。

話說回來，就定義及用途來說，日本城和中國城迥然不

7 —— 北条流：ほうじょうりゅう，Hōjōryū。江戶時代前期幕臣北条氏長（ほうじょう うじなが，Hōjō Ujinaga，1609-1670）所開創的兵法。

8 —— 大道寺友山：だいどうじ　ゆうざん，Daidōji Yūzan。1639-1730。

9 —— 富士山（玄武）：ふじさん，Fujisan。玄武：げんぶ，Genbu。按風水學「四神相應」來說，以江戶（東京）為中心，平川（神田川下游的日本橋川）是青龍，江戶灣（東京灣）是朱雀，東海道是白虎，富士山是玄武。若要在地圖上看，需將江戶轉九十度，江戶的古地圖都是西方朝上，意味江戶背後。

同，日本城比較接近歐式城堡，具有武裝防禦性格。中國老百姓說的「進城」，意味前往省城或縣城，日本庶民則毫無「進城」機會，因為那是天皇或將軍的私人府邸，四處都有武士或忍者護衛，僅限大名、公卿等人才能進城，日語稱為「登城」。而以領主居住的城堡為中心，往四面八方發展的城鎮稱為「城下町」，這裡才是咱們老百姓的居住區。

江戶城是日本史上空前未有的複合建築群，本丸、西之丸[10]、二之丸[11]、三之丸[12]等建

1849年江戶城配置圖

1) 本丸大奧　2) 中奧　3) 表
4) 二之丸御殿　5) 二之丸
6) 紅葉山　7) 西之丸
8) 吹上森林　9) 北之丸
10) 三之丸　11) 三之丸
12) 西之丸　13) 大手前（正門）
14) 大名小路

圖：Gryffindor/Gothika（CC BY-SA 2.0）

10 —— 西の丸：にしのまる，nishinomaru。位於江戶城本丸西方，將軍世子居所，前任將軍隱居所。

11 —— 二の丸：にのまる，ninomaru。環繞本丸的城廓。

12 —— 三の丸：さんのまる，sannomaru。環繞二之丸的城廓。

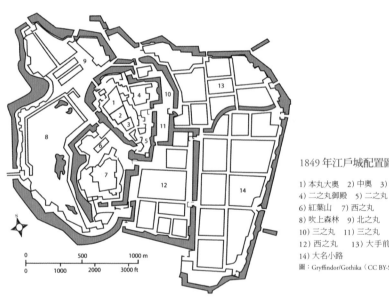

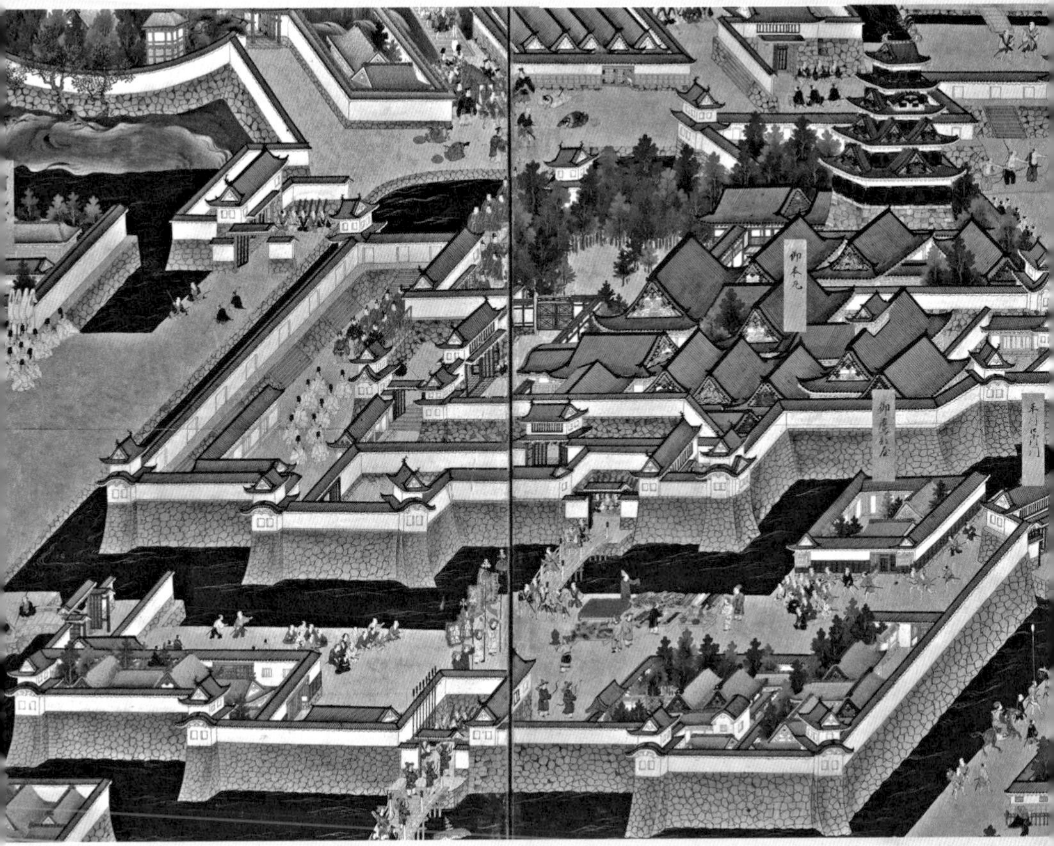


江戶城本丸（御本丸）、天守閣（右上角高層建築物）、平川門（最右邊的「平川御門」）。

築，各自區劃為「表」、「中奧」、「奧」三種構成。規模最大的是將軍官邸兼私邸的本丸御殿，也就是主城，位於最深處，這裡也區劃為「表」（幕府執政所）、「中奧」（將軍官邸）、「大奧」（將軍私邸），而且只限本丸的「奧」稱為「大奧」。

本丸建築面積約一萬一千三百坪，不過，光是大奧就占了六成，約六千三百坪。大奧除了將軍一人能自由進出，任何男子都不得進入，有時看情形，德川家一門、重臣、醫生、僧侶等人可以破例。

大奧是以將軍生母為首，將軍的子女、正室、側室和眾多女官及侍女的居所。根據不同時代，人數或許有增有減，但至少都有五百名以上，幕末時期多達一千名，據說最盛期多達一千六百名。

本丸遺迹是現今皇居東御苑，目前沒有任何建築物，只有草坪。

從皇居正門順著護城河往北前行，可以抵達平川門。平川門是江戶城三之丸的正門，站在此處的木橋望向高麗門、渡櫓門，正是江戶時代的城郷風貌。

平川門算是江戶城後門，由於御三卿府邸就在附近，這兒也是御三卿的進城出入口。御三卿和德川家康於生前創設的御三家，都是德川幕府將軍繼承人備選。德川家康創設的御三家，隨著時代流逝，與將軍家的血緣關係日漸疏遠，於是在第八代、第九代將軍時，

又創設了御三卿。第十一代、第十五代將軍正是出自御三卿。（詳見後文）

平川門別稱「不淨門」，是抬出罪人或在城內去世的人的遺體出口。日本史上著名的四十七名「忠臣藏」事件（元祿赤穗事件）[13]，其藩主淺野內匠頭正是以重罪者身分從平川門出城。

## —大奧的意義—

日本自古以來便經常使用「奧」這個漢字。

往昔，大名及高官武士都在私邸進行職務，他們的私邸均區分為辦公空間與生活空間，前者稱為「表」，後者稱為「奧」。為此，正室稱呼才演變為「奧方」，現代日本人妻的稱呼也是「奧樣」或「奧桑」，但在江戶城，身居大奧頂點的將軍夫人稱為「御台所」[14]。「台所」是廚房，「御台」是高貴身分者使用的長方形食案，「台盤所」是宮中或貴族府邸的御膳部。現代日文的「台所」也是廚房之意。

換句話說，「奧」本來泛指室內深處，意味府邸內部某空間；「大

13 —— 元祿赤穗事件：げんろくあこうじけん，Genroku Akō Jiken。日本江戶時代中期元祿年間，赤穗藩（今兵庫縣赤穗郡）四十七名家臣為主君報仇之事件。

14 —— 御台所：みだいどころ，Midaidokoro。

奧」則專指江戶城本丸的「奧」，含義包括其內部組織及作用。

豐臣秀吉過世後，德川家康掌握了天下，對家康來說，最後的心願便是「永保德川家安泰」。

家康在戰國亂世中目睹群雄興亡過程，先是足利將軍家，繼而是織田信長[15]，最後是豐臣秀吉[16]，這些人的權勢猶如泡影，一個接一個消逝。也因此，令家康於晚年最心急的事，正是該如何制定穩固將軍地位的諸多制度，並該如何保住自己的血脈。

德川家康雖多子多孫，但他親眼目睹豐臣秀吉的下場，痛感挑選繼任是個大難題。第三任將軍家光的奶娘春日局[17]，洞曉家康這種內心隱憂，才著手將大奧組織化。

從日後德川十五代中，只有家光是正室所生兒子，其他都是側室生的孩子這事看來，也能證明家康的著眼點非常正確。而始終維持側室制度的大奧，存在意義更是無可比擬。

德川家康確實很偉大，他創設了江戶幕府。但對家康來說，首要課題是該如何讓身為將軍家的德川家存續下去。看盡了群雄並起、興

15 —— 織田信長：おだ のぶなが，Oda Nobunaga，戰國時代至安土桃山時代大名，結束持續百年以上之亂世的英雄。1534-1582。

16 —— 豐臣秀吉：とよとみ ひでよし，Toyotomi Hideyoshi，戰國時代末期至安土桃山時代的大名。1537-1598。

17 —— 春日局：かすが の つぼね，Kasuga no Tsubone。1579-1643。

大名於元旦進城拜年。楊洲周延畫。

亡生滅過程的家康，應該為了該如何一脈相傳的問題而傷透腦筋。就此意義來說，大奧的存在極為重要，不但圓了家康的願望，並讓德川家的將軍地位安如磐石。

德川幕府的地基是在第二代將軍秀忠[18]、第三代將軍家光[19]時代方始穩定，之後，才逐步整備大奧機構。

大奧另有一項極為重要的職責。

一六三四年，第三代將軍家光時代，幕府規定諸國大名的妻子兒女都要住在江戶，算是一種人質。大奧的另一項任務正是與這些大名正室及子女進行社交。這可不是一般單純的社交，大奧通過各式各樣的年間儀式活動，會將各種枷鎖套在大名家。不過，也不全然是負面性，大名家定期送來的諸國名產及訊息，可以通過在大奧工作的女子擴散至市街，讓無法旅遊的江戶庶民知曉天下事。

此外，大奧的莫大經費，幾乎毫無積存，全部花在數量龐大的服飾品及裝飾工藝品等，因此，大奧對保存江戶傳統文化付出很大貢獻。換句話說，是大奧在幕後支撐不惜工夫製作出各種工藝品的職人們的經濟。而且，在大

18 —— 德川秀忠：とくがわ ひでただ，Tokugawa Hidetada。1579-1632。

19 —— 德川家光：とくがわ いえみつ，Tokugawa Iemitsu。1604-1651。

奧工作的女人，都必須學習各種技藝，這點也對江戶文化的發展起了很大作用。

## ◈ 大奧的「長局」構造

大奧是將軍的私人住處，亦是負責嗣子誕生與培訓將軍繼任者的場所。為了維持多達一千名女子的秩序，必須組織命令系統並將其制度化。

居於組織頂點的人，不用說，當然是將軍正室的御台所，大多從京都公卿家或皇室迎入，不過，真正肩負生子嗣這項重要職責的人，則為側室。德川十五代，世世代代的側室人數大約五至十人。最多是第十一代將軍家齊，側室二十多名，其中十七名側室生下總計五十餘個孩子，可惜幾乎都夭逝。

以御台所和側室為中心，眾多女性在各種編制下工作。舉個例子來說，現代日本全職女性仍經常掛在口頭的「御局樣」稱呼，便是掌管大奧的重要職位之一。

在日語中，「局」意味「隔開府邸一部分當作值宿員或齋戒時使用的房間」，主要用在「女官或公卿貴族侍女的住處」（《國史大事典》）。日本自古以來即有忌憚直呼對方名字的習慣，通常以官職代稱，但在缺乏官職系統的女性社會，慣常以其父兄的官職代稱。

例如清少納言的「清」，取自她父親姓氏的「清原」，「少納言」則是近親的官銜稱呼。紫式部的「式部」也是其父親曾任「式部大丞」官職，「紫」則取自《源氏物語》中的「紫之上」形象。

江戶城大奧的「局」，本來也指房間，「長局」就是眾女官的住處。面積六千三百坪的大奧，「長局」占去三分之二。

根據大奧配置圖，從東至西的一整排房子「長局」是兩層樓，從南到北又劃為「一之側」、「二之側」、「三之側」、「四之側」四棟建築，其他另有女傭住的房子。最高級女官住在「一之側」，「三之側」以上的女官可以謁見將軍和御台所，「四之側」的女官沒有此資格。

再來看看住在「一之側」最高級女官的房間。每一名女官住處面積約七十張榻榻米（三十五坪）大，大致隔為五個房間，並有專屬廚房、廁所、浴室。除了「御局樣」，另有兩三名貼身侍女，兩三名跑腿小侍女，以及四至七名負責炊事、洗衣的女傭。

整棟建築外側有一道有屋頂的走廊，盡頭有一扇於夜晚關上的木門。據說「二之側」以下的「局」面積，只有「一之側」的一半。四棟建築物上空，都用鐵絲網圍住，住在裡面的女子均為名副其實的籠中鳥。

「江戶城內圖」中的大奧。日本國立國會圖書館藏

不過，上述形象都是後人依據明治時代的鮮少資料所想像而成，實際到底如何，如今已無法考證。

## 一 大奧的組織制度 一

掌管五百至一千名女子的秩序，極不容易，若想在這些競爭者中出人頭地，難度更高。大奧女官的職務，大約有二十種以上，而且分為將軍專屬及御台所專屬兩種。一般說來，將軍專屬的女官，地位比御台所專屬的女官高。以下是大奧主要女官的職務。

### 上臈——

地位最高，身分最尊貴，通常以御台所陪嫁侍女身分進大奧，因而只限京都公卿家女兒。由於沒有年齡限制，依據御台所的年齡，有時是還未完成成人禮的少女。主要工作是輔助御台所進行社交和所有文化儀式，算是御台所的顧問，但沒有實權。

「上臈」[20]有時可以兼任地位居其次的「御年寄」，掌握實權管理大奧。倘若御台所遭遇不測，也要替代御台所下令。因是朝臣家出身，精通宮中儀式，通曉茶道、歌道、花道、香道等。人員約三名。

**御年寄——**

「御年寄」[21]是真正握有實權的總管，她們不用陪在御台所身邊，通常在辦公室下達指令，地位相當於幕府最高官職「老中」[22]，甚至能左右幕臣的人事調動。不但掌管御台所的用餐及所有大奧文件，還可以代御台所出城參拜寺院。根據資料，她們工作時幾乎都坐在菸草盆前，除非有要事，否則不走動。

德川將軍家直系的御三家、御三卿進城謁見將軍時，她們不但不須將額頭貼在榻榻米叩拜，與對方交談時，態度用詞也不用畢恭畢敬，可以平起平坐。御台所專屬御年寄代表御台所權威，沒有實力的人，絕對無法爬至這個職位。人員七名。

換句話說，「御年寄」才是真正的「御局樣」，例如創設大奧的春日局，稱呼就有個「局」字，既是第三代將軍奶娘，也是將軍專屬「御年寄」。春日局正是大奧第一代「御年寄」。

---

20——上﨟：じょうろう，Jōrō。

21——御年寄：おとしより，Otoshiyori。

22——老中：ろうじゅう，Rōjyū。江戶幕府的官職名，相當於「管領」，在設置「大老」之前，是幕府的最高官職。

只是，一般女子若想爬到此地位，恐怕比登天還難。後台通常是受將軍寵愛的側室，要不然只能和幕臣權力者的「老中」勾結。

## 御客會釋——

將軍進大奧時，以及與德川家有血緣關係的大名家女眷來訪時，都由「御客會釋」[23]負責接待。由於必須精通大奧內部狀況，往往讓退休後的「御年寄」擔任。這職位並非機動部隊，在每年定例的活動儀式中，具有相當大的權力。人員五名。

## 中年寄——

平日負責輔佐「御年寄」，「御年寄」因病臥床時，由「中年寄」[24]擔任代理人。另一方面，「中年寄」也負責御台所的用餐菜單及飯前試毒等檢查事項。能爬到這地位，已經相當於「御年寄」候補，只要不犯大錯，應該可以升任為「御年寄」。人員兩名。

大奧女官在吹上御苑。楊洲周延畫。

**御中臈——**

跟著「上臈」隨侍御台所。

將軍專屬「御中臈」[25]大多會成為將軍侍妾，但是，倘若將軍看中御台所的「御中臈」，則必須通過將軍專屬「御年寄」，私下告知御台所專屬「御年寄」，獲得御台所同意後，再將御台所的「御中臈」調職為將軍專屬「御中臈」。

簡單說來，就是即便你是一國之主的將軍身分，若沒有取得大老婆同意，也不能亂來。我想，身分愈高的人，愈不能像野生蒲公英那般，到處撒種。雖然我很喜歡蒲公英。

話說回來，即便是將軍專屬「御中臈」，也不一定都能讓將軍看上眼。然而，整個大奧中，只有「御中臈」最有可能成為將軍嗣子的生母，因而戰況最激烈，為了爭奪「御中臈」職位，大奧經常發生派系鬥爭。

另一方面，也有拒絕將軍求愛的例子。據說，無論「御年寄」如何威脅利誘，對方也寧死不從。結果，「御年寄」只能解僱對方。

到底是哪一代將軍遭到拒絕呢？

---

23 —— 御客會釋：おきゃくあしらい，Okyaku Ashirai。

24 —— 中年寄：ちゅうどしより，Chūdoshiyori。

25 —— 御中臈：おちゅうろう，Ochūrō。

該女子寧死不從，就算娘家父親失去俸祿也不從，這女子的性格有夠堅毅，又有自主性。當然這種敏感八卦，不會留在正經史料，只有野史作家才敢拿來當作賺稿費的材料，可惜野史也沒有透露到底是哪一代將軍失戀了。

**御小姓——**

在御台所身邊負責伺候香菸或洗手等瑣事，十三、四歲的少女最多。通常挑選高級旗本家的女兒，七歲左右便進大奧學習，十三歲舉行成人禮，十六、七歲時升為「御中臈」。人員兩名。

「旗本」原為德川軍的直屬家臣團，在戰國時代，是守在軍旗下的德川家康貼身侍衛，到了江戶時代，則為將軍的直屬家臣，負責護衛工作或擔任文官。旗本家有資格謁見將軍，高級旗本家出身的女兒，從小就有機會和將軍或御台所見面，知曉城中禮儀。

上述那名寧死不從的女子，應該正是從「御小姓」[26]升任的。可能從小就在大奧看多了派系鬥爭，以及一夜過後即受冷遇的側室例子，所以乾脆拒絕。遭解僱出城後反倒可以嫁人，重新構築自己的人生。

**御坊主——**

日文的「坊主」是和尚、僧侶、禿頭之意。

「御坊主」[27]是將軍身邊的雜役，負責將軍與御台所之間的聯絡事項。御台所不能隨意指使「御坊主」做任何事。由於是聯絡角色，在大奧中是唯一可以自由出入將軍官邸「中奧」，以及幕府執政所「表」的女性。例如將軍進入大奧後，忘了帶某樣東西，便會命「御坊主」前往「中奧」取來。

年齡約五十歲左右，剃髮，穿男裝，稱呼多為「長壽」或「圓喜」等。人員約四名。

**表使——**

「表使」[28]是大奧的實際業務負責人，例如採購管理大奧諸多所需物品等。可以陪同「御年寄」、「御中臈」出城參拜神社寺院，並負責與「御広敷役人」交涉等。「御広敷役人」是男性，負責大奧御膳部的出納和庶務。

「表使」算是大奧外交官，挑選的都是才多智廣的女子。人員七名。

---

26 —— 御小姓：おこしょう，Okoshō。

27 —— 御坊主：おぼうず，Obōzu。

28 —— 表使：おもてつかい，Omotetsukai。

負責採購的話，或許正是大奧中最可以獲利的職位？畢竟幾乎所有江戶商人都想和大奧做生意，賄賂例子多不勝數。

**御右筆——**

擔任管理及記錄文書的工作，包括私人日記、大奧內的通知文件、大奧對外部的聯絡文件等。等級與「中年寄」差不多，可以隨行出城參拜神社寺院。尤其必須贈送禮品給大名家時，「御年寄」一定會和「御右筆」[29]仔細商討後再下決定。人員五名，身邊有助手。另有兩名總管身分的「御右筆頭」。

**御次——**

「御次」[30]擔任佛堂、御膳部的日常業務，管理御道具等。逢慶典或臨時舉辦的音樂舞蹈活動時，有時還得上台表演，因而必須具有遊藝本領。

在大奧算是露面機會最多的職位，比較容易吸引將軍視線，不少人正因為如此而升為「御中臈」，進而成為側室。人員七名，另有兩名總管地位的「御次頭」。

---

29—— 御右筆：ごゆうひつ，Goyūhitsu。

30—— 御次：おつぎ，Otsugi。

大奥女官在庭園散步。楊洲周延畫。

## 大奧女官、侍女的年薪

大奧女官及侍女的主要任務，雖是服侍大奧之主的御台所，但是，她們實際的身分及工資，正是現代的國家公務員。她們為幕府工作，領的是幕府發給的薪水。除了基本工資，另有特別薪酬和實物支付等各種津貼。

基本工資於夏天和冬天各發一次，領的是幕府倉庫的糙米，單位以「石」計算。其他還有服飾、化妝品費等津貼。

此外，女官都會各自僱用自己的專屬女傭，這些女傭每天吃的糧餉，幕府也會以「扶持」[31]名目支付給女官，女官再私下支付薪水給女傭。

女官通常根據「扶持」多寡而決定女傭數。例如地位最高的「上臈」是「十五人扶持」，足以僱用十四名女傭。如果沒有必要，當然不用僱這麼多女傭，剩下的「扶持」米便可以拿到市街換成現金銀兩。

實物支付方面，除了冬天取暖用的火炭和烹調用的木柴，另有供浴室燃料用的木柴，以及房間內的燈油。依據房間大小，有規定的座燈數，支付油量也就有別。

---

31——扶持：ふち，Fuchi。主君支付給家臣的俸祿、薪水，在此為補貼之意。

「上臈」房間規定可以用五盞座燈，地位最低的女官則為兩名共用一盞。其他還有以銀幣支付的「五菜銀」，是購買味噌、醬油、鹽等調味料的雜費。

若換算為現代金額，到底有多少呢？

由於江戶時代的物價經常變動，很難正確換算為現代日圓，但仍能籠統計算出大致數目。以下均為江戶時代後期的事例。

先來看看「上臈」，基本工資是一百石米，一石算成一兩的話，約一百兩。加上服飾、化妝品費一百兩，總計二百兩。單純將一兩算成十萬日圓，就是現代的兩千萬日圓。

天哪，還未完成成人禮的少女竟然可以領這麼多基本工資！

若再加上「十五人扶持」，以及每個月發下的二十袋火炭、三十束烹調用木柴、七升多油、三百銀幣「五菜銀」（六十銀幣等於一兩金子），還有一年總計五十把洗澡用的木柴……這、這、這，未免太奢侈了吧？

不過，再仔細想想，「上臈」都是從京都公卿貴族家跟隨御台所進大奧，而京都皇室及公卿貴族家的經濟條件並非很好，甚至可以說是捉襟見肘。

朝廷的主要收入僅有幕府捐贈的山城國領地（京都府南部），大約有三萬石稻米收穫。要靠這三萬石領地養活天皇、皇族等整個京都朝廷，宛如想讓鐵樹開花水倒流那般，根本不可能。

第一代藩主是前田利家[32]的加賀藩（金澤市），以「加賀百萬石大名」著稱，領地收穫量約一百二十萬石。兩者相較之下，便可明顯看出朝廷的經濟有多窘迫。據說，當時的朝廷只能靠授予武家官職獲得副業收入。

公卿貴族雖然也有各自的領地，但只限最高官位的幾家名門比較寬裕，其他公卿的年收入相當於江戶的低級武士，僅有三十石、三人「扶持」。換句話說，完全有名無實，身分是公卿貴族，府邸內卻只能僱三名傭人，這算哪門子的貴族？

如此細想，「上臈」的兩千萬日圓基本工資，其實不算多，應該都用在京都娘家的生活費。

我們再來看看其他女官的年薪。

實際掌握大奧實權的「御年寄」，基本工資五十石與服飾費六十兩，大約是一千一百萬日圓，其他另有「十人扶持」等。「御中臈」的基本工資是十二石、服飾費四十兩，相當於五百五十萬日圓，以及「四人扶持」等。

這種算法雖然不能套用在現代物價上，不過，以年齡來看，十幾、二十幾

32——前田利家：まえだ としいえ，Maeda Toshiie，戰國時代武將。1539-1599。

江戸城官員蹴鞠圖。楊洲周延畫。

歲的女子能擁有這種收入，應該綽綽有餘了吧。

大奧最下級的雜役女官「御末」[33]，基本工資是四石、服飾費二兩，年收入約六十萬日圓，另有「一人扶持」和實物支付，最起碼不會餓肚子，甚至可以僱用一名打掃女傭。她們在大奧工作時，通常負責澡堂和廚房的汲水、扛轎子等體力勞動，無法享受鮮衣美食的生活，不過，等她們出城後，據說可以過得比同齡一般女子更闊綽。

舉例來說，當時從鄉下到江戶討生活的農民，即便每天做得辛辛苦苦，一年收入頂多只有二、三兩。但在大奧負責體力勞動的最下級雜役女官，基本工資是四石糙米、二兩服飾費，總計六兩。何況房租、伙食費、煤油木柴、女傭薪資等，都由幕府供應。

再說，當時的庶民女子很難找到工作，只要能進大奧，就算不領工資，也有吃有住，還有女傭服侍，如此條件優渥的工作，就算踏遍整個江戶恐怕也找不到。也因此，一般女子都很嚮往進大奧當下級女官或女傭。

諷刺的是，幕府財政之所以長年吃緊，最大原因正是大奧的年間經費。

33 —— 御末：おすえ，Osue。

## ❁ 大奧法度

大奧是只准許將軍一人踏進的後宮，而且是為了生產將軍繼任者而設置的巨大組織，當然必須制定「大奧法度」。但是，依據每一代將軍和御台所的性格及其癖好，法度內容會有各種不同解釋。

德川幕府三百年之間，為了配合時代，幾經修正「大奧法度」，直至第八代將軍時，方才定型。

那麼，「大奧法度」到底於何時，又是由誰制定的呢？

江戶城內大奧於一六〇七年組成，當時六十六歲的德川家康，已經把將軍職位讓給三子秀忠兩年了。九年後，德川家康過世，再過一年半，第二代將軍秀忠才於一六一八年正月當天發布「大奧法度」。

最初的「大奧法度」內容很簡潔，僅有六項禁令。

◇大奧在進行修繕或掃除時，必須由三名總管（男性）陪同壯工進出。

◇禁止男子進入。

◇不問身分高低，也不問男女，沒有通行證的人均禁止進出。

◇下午六點以後禁止進出。

◇逃亡而來的女子，無論任何理由，一律趕走。

◇大奧由上述三名總管（男性）輪流指揮諸事，任何人都必須聽從他們的指示。

這六項禁令根本不算嚴格，反倒可以看出發布法度之前的大奧相當自由，男女都能隨意進進出出。可能當時的大奧男女關係太亂，第二代將軍秀忠才於大奧成立十一年後，正式發布了法度。秀忠發布禁令的真正目的，在「禁止男子進入」和「嚴守關門時間」這兩項。

在日本史中，第二代將軍德川秀忠是個不起眼的人物，但是，他尊重一夫一妻制思想，在當時那個時代算是極為難得的將軍。

有段軼聞趣事正可以象徵他的個性。

話說，德川家康讓秀忠繼承了將軍地位，兩年後退隱駿府（靜岡），人稱「大御所」。秀忠耿直地定期前往駿府，向家康請示有關政治大事或其他重要事項。

某次，秀忠在駿府逗留約兩個月。這時，家康已年逾古稀，仍精力充沛。家康考慮到年輕的秀忠於夜晚獨寢，可能會太寂寞，於是在某個夜晚，向一名年輕美貌的侍女說明緣由，讓侍女捧著茶點去秀忠的臥室。

家康的意思是讓侍女陪兒子過夜，然而，秀忠聽說是家康遣來的人，不但重新穿好衣服，並鄭重其事迎入該侍女。秀忠收下茶點後，向侍女說：

「已經完事了，請妳快回去……」

由於是將軍的命令，侍女不能不從，卻又無法說出來此的真正目的，只得惶恐退出。

聽了報告的家康，儘管對方是自己的兒子，仍驚訝得向身邊人苦笑道：「哎呀，這個將軍大人，個性實在太耿直。」

這個小故事恰恰可以說明秀忠為何在家康過世後，立即發布「大奧法度」的理由。

之後，發揮極大權勢統率大奧的春日局過世，「大奧法度」失去向心力，再度陷於紛亂無序的狀態。為了統馭大奧，必須制定真正的法度，因此，第四代將軍德川家綱[34]於一六七〇年，重新發布了八項禁令的新「大奧法度」。

第四代將軍，德川家綱

34——德川家綱：とくがわ いえつな，Tokugawa Ietsuna。1641-1680。

與秀忠時代的法度比較之下，新「大奧法度」規定女官及女侍都必須對幕府立誓效忠，並強調不能向外部透露大奧內部的任何事項。

到了第八代將軍德川吉宗[35]時，再度發布追求合理化的新「大奧法度」。這回的法度內容有十九項，增添的禁令包括「不得在大奧做出任何好色之事」、「不得說同事的壞話」、「不得破壞同事之間的情誼」等，關門時間也提早了兩小時，申刻（下午四點）以後禁止出入。

看來，在大奧內，不但女人之間的派系鬥爭愈發激烈，有關蕾絲邊的糾紛也愈來愈多，新上任的將軍才不得不重新制定法度吧。

※　※　※

第八代將軍德川吉宗是日本史上的著名人物，亦是江戶幕府中興之主。

吉宗並非在大奧溫室內出生長大，亦非以人質身分在江戶的大名府邸內成長，而是在和歌山城出生並度過童年。因不是長子，生活環境相當開放，小時經常到野外鄉間嬉遊，性格活潑好動，成年後膚色黝黑，身體極為健康。

吉宗雖是德川家康的曾孫，也是御三家之一的紀州（和歌山）德川家藩主兒子，不過，他直至十二歲時，才首次跟隨父親與次兄上江戶謁見第五代將軍。他在江戶完成成人禮，因是第四子，不能冠德川姓，另起名松平賴方。

之後，其父以及兩位長兄接連去世（另一長兄早夭），松平賴方於二十二歲時就任紀州藩藩主地位，改名德川吉宗。

四年後，第五代將軍綱吉[36]病逝，享年六十三。繼任的第六代將軍是甲府德川家的家宣[37]，四十八歲。但家宣僅在任三年即逝世，繼任的第七代將軍是個五歲幼童德川家繼[38]。巧的是，家繼也僅在任三年就去世，在此，德川宗家的血脈完全斷絕，只能從御三家中挑選繼任者。

挑選過程當然波折重重，大奧在此發揮極大威力，第六代將軍夫人天英院[39]派系推舉得勝，決定讓吉宗出任將軍。天英院在大奧及政治舞台的「表」，都擁有不可小覷的影響力。

據說，吉宗起初拒絕就任將軍職位。他深知從第五代將軍起，幕

35 —— 德川吉宗：とくがわ よしむね，Tokugawa Yoshimune。1684-1751。
36 —— 德川綱吉：とくがわ つなよし，Tokugawa Tsunayoshi。1646-1709。
37 —— 德川家宣：とくがわ いえのぶ，Tokugawa Ienobu。1662-1712。
38 —— 德川家繼：とくがわ いえつぐ，Tokugawa Ietsugu。1709-1716。
39 —— 天英院：てんえいいん，Teneiin。1666-1741。

府經濟已瀕臨破產的內情，這種燙手山芋，誰要啊？後來經天英院苦口婆心一番勸導，才點頭答應。

吉宗個性粗獷，年輕時經常只帶著兩三名隨從到市鎮逛夜市，有時看到夫妻在大街上吵架，也會順便插一手從中說合。想讓這種人就任類似籠中鳥的將軍地位，確實需要女人出面並好言相勸。

吉宗於一七一六年登上將軍職位，宣言「為了重整天下政務而繼承宗家」，除了斷然實行人事調動，並勵行勤儉節約、加徵地租、獎勵開墾新田等新政。支出經費多達幕府年間預算的四分之一的大奧，當然也被列入改革對象之一。

吉宗首先命人制定在大奧中被視為美女的五十人名冊。他當時三十三歲，正室於六年前過世。聽到將軍下達此令的大奧，眾人都以為吉宗打算挑選側室，整個大奧鬧得天翻地覆。甚至有不少「公認美女」為了參加競選，主動向御年寄報名。

大奧提交出五十人名冊後，再讓眾美女共聚一堂。每個美女都仔細抹粉施脂，精心打扮得花枝招展，並排在吉宗面前。

吉宗環視了眾美女一圈，開口道：「從今天起，妳們都可以出城了。」

「出城」的意思是「解僱」。但是，眾美女無法立即理解吉宗的言外之意，各個不知所

將軍在射箭。楊洲周延畫。

措，呆若木雞。待她們悟出「出城」的意義時，全場譁然，整個大奧再度鬧得天崩地裂。

有人詢問理由，吉宗如此作答：

「眉目出色的人，應該有許多良緣，沒有必要待在大奧。但是，眉目不清的人，不易找到夫家，就讓她們繼續待在大奧。」

新任將軍若想重整幕府財政，第一件事當然必須縮編大奧組織。可是，吉宗不能明顯表示「為了削減大奧經費」，因此利用女官的虛榮心，一口氣解僱了五十名美女。

根據記錄，因吉宗的改革政策，大奧遭解僱的女官和女侍，多達三千七百名，支出的退休金約一萬二千三百又四兩。

一兩算成十萬日圓，等於十二億三千萬日圓？天哪！不過，比起大奧年間預算的二十萬兩，一萬二千兩的退休金應該算是小兒科。

吉宗版的「大奧法度」，真正目的是想削減大奧的政治影響力。儘管如此，吉宗仍不敢對第六代將軍夫人天英院，以及第七代將軍生母月光院[40]下手，尤其以「家宣的遺命」之由讓吉宗繼任的天英院，算是提拔吉宗的大恩人。

40——月光院：げっこういん，Gekkōin。1685-1752。

也因此，吉宗一方面進行縮編大奧，另一方面也給天英院和月光院增加津貼，而且上級女官的人事均維持原狀。如此，吉宗方能獲得大奧支持。

換句話說，對所有幕府官員來說，大奧是絕對惹不起的棘手存在。

之後，吉宗又於享保六年（一七二一）四月，再度發布「大奧法度」。這回除了明確制定大奧與外部的通信對象範圍，以及可以邀請至大奧的直系親等，更嚴禁女官美衣玉食。

可以通信的人只限「祖父母、兄弟姊妹、伯叔姑母、侄子姪女、孩子、孫子」，女官休假回娘家時，也只限上述親屬可以會見當事人。

有資格謁見將軍的上級女官，雖然不能請假或休假出城，但可以邀請直系親屬進大奧。女子直系親屬不限年齡，但男子直系親屬只限「未滿九歲的孩子、兄弟、侄子、孫子」。若因某種特殊理由，必須讓對方留宿，也只限一晚。

德川吉宗制定的「大奧法度」，一直維持至幕府瓦解為止。但就算法度再如何嚴格，大奧始終沒有失去政治影響力。

用現代話來說，「大奧法度」算是國家公務員法，雖是終身僱用制的鐵飯碗，但當事人能不能加薪或升遷，則要各憑本事並靠運氣。

錄用與晉升

住在江戶城大奧的女子，不但有各式各樣的職務，身分制度也極為嚴格。女子的出身家庭更是形形色色，上自京都朝臣的貴族女兒、旗本與御家人的武家女兒，下至一般庶民的商家或農家女兒，應有盡有。

她們到底為何進大奧工作呢？當然各人都有各自的理由，不能一概而論。

自第三代將軍家光起，御台所都從京都公卿貴族階級或皇家迎入，因而有不少貴族女兒伴隨御台所住進大奧。這些貴族女兒算是前往大奧赴任，一開始便肩負重責。

大奧女官雖是國家公務員，但幕府並沒有公開招募，只有一項錄用條件，那就是「旗本或御家人的女兒」。

既然幕府沒有公開招募，那麼，一般庶民出身的女兒到底該如何做，才能進大奧工作呢？

答案只有一個：託人情、鑽門路。

無論親屬或熟人，甚至是毫無關係的陌生人，只要對方與大奧有關，先攀關係再說，然後拜託對方從中介紹。委託之際，有時必須送銀子。而且，御家人的地位比庶民高，旗本的地位又比御家人高，某些有錢有勢的富商或富農，就是讓女兒先成為旗本或御家人的養女，再靠此關係讓女兒進大奧。

換句話說，正因為幕府沒有公開招募女子國家公務員，一般庶民身分的女子必須通過一連串的斡旋，才有機會進大奧工作。

※　※　※

先來說說旗本與御家人的分別，以及他們的家計狀況。

前面已經說過旗本原為德川軍的直屬家臣團，後來成為將軍的直屬家臣，有資格謁見將軍。御家人也是旗本，只是，御家人沒有資格謁見將軍。

旗本門第的俸祿是二百石以上、一萬石以下，御家人的俸祿則為二百石以下，人數總計約一萬七千名，若加上旗本、御家人自家家臣，總計約八萬名。其中，約九成旗本，俸祿是五百石以下，大多三百石左右，御家人的俸祿是三十至八十袋糙米。這些旗本、御家人的經濟狀況通常不好，勉強能養家餬口而已。

旗本、御家人以及一般家臣武士的俸祿單位「石」，和大名領地的生產毛額單位

「石」，算法不一樣。家臣武士的俸祿與大奧女官一樣，都是糙米。當然不是全部領取糙米，其中一部分是以當時的米價為基準，換算為現金，一年領取三次。

簡單換算為現金的話，是領地一百石＝糙米一百袋＝俸祿三十五石＝二十人扶持＝三十五兩，「一人扶持」為五袋糙米。

比如最普遍的御家人俸祿是三十袋糙米與兩人扶持，總計四十袋，換算為現金，相當於十四兩。一般庶民家庭若年薪有十兩就能過得飽食暖衣，但武士階級有出征義務，按俸祿多寡必須僱用家臣或僕從，家計負荷與一般庶民不同。

再比如領地三百石俸祿的旗本，三百石指的是領地的預計生產毛額，其中還包括因氣候惡劣而歉收，以及農民應得的份。若一切順利，旗本頂多僅能得到二百石稻穀，用這些收成到幕府米倉去換，大約七十石。換算為現金就是七十兩，平均月收入僅有六兩。要是碰到歉收或饑荒，恐怕不足六兩。

旗本有幕府免費提供的宅邸，姑且不論房地大小，至少也要僱一名砍柴男傭和煮飯女傭，旗本身邊還得帶著一名跟班隨從。而且，騎馬技術要高才堪稱將軍的直屬家臣，所以還得養馬。刀劍更需要保養。

有資格進城謁見將軍的人，更要準備禮服什麼的。為了抓住機會立功升級，還要進行各種求職活動，到處送禮給各單位的上司。其他如紅白事、房地維修等經費，在在都需要錢。

當時的庶民常以「一百袋米養六口，終日以淚洗面」諷刺俸祿少的窮旗本。因為他們明明住在寬廣房地，每年卻只能領一百袋米來養活六口家人，生計比有本事的庶民木工更差。

也因此，窮旗本、窮御家人的女兒都想進大奧用鐵飯碗吃大鍋飯，順便養活娘家人。

※　※　※

在大奧工作的女子，有兩種存在，一是幕府直接僱用的公務員，另一是公務員私自僱用的女侍，也就是間接錄用的女傭。

旗本家女兒通常從下級女官做起，就是供御年寄、中年寄、御客會釋等高級女官使喚的雜役。御家人女兒的等級更低，是負責體力勞動的最下級雜役女官。庶民身分的女兒大多只能從間接錄用的女傭做起。

不過，就算是間接錄用的女傭，倘若有本事，工作態度好，可以申請錄用考試，升級為正式公務員。

錄用考試的過程是面試、身家調查，之後再通知合格與否。面試官是大奧最高掌權者御年寄。只要通過讀寫、縫紉等考試，便能成為試用期公務員，之後，幕府會派人仔細調查當事人的門第與家族構成，通過這最後一關，就可以風風光光成為正式公務員。

想想，只要升為正式公務員，即便是負責體力勞動的最下級雜役女官，基本工資也有六兩，另有「一人扶持」和實物支付。六兩工資和領地三百石俸祿的旗本差不多，甚至更闊綽。

當然有許多人在最初的面試中落選。考試內容的讀寫和縫紉，是進大奧之前必須學成的最基本教養，而且江戶中期以後，考試內容又多了一項歌舞樂曲。

武士門第階級非常流行歌舞樂曲，不僅大奧，所有想進大名家或高級武士門第當侍女的庶民女子，七歲起就得勤奮學習彈唱民族樂器的三味線，以及傳統藝能的淨琉璃等。

通過面試、身家調查，正式被錄用後，當事人能否往上爬，完全看出身門第。旗本家女兒雖然一開始是下級女官，但如果做得好，往上升一級，便能躋身於可以謁見將軍的階級之列。御家人女兒則無論如何努力，頂多只能爬至下級雜役女官的總管職位。

不過，御家人女兒也有扭轉乾坤的機會，那就是受將軍寵愛，成為側室。倘若能成為側室，無論當事人擔任什麼職務，都能一口氣升為御中臈。

只是，大奧的競爭對手太多，一般女官很難有機會吸引將軍的視線。這時，還是需要託人情、鑽門路。就是透過高級女官牽引，讓將軍「看見」妳，接下來，就看妳有沒有讓將軍一見鍾情的命了。在此，容貌姿色等都不是問題，畢竟將軍也有自己的口味，說不定大奧的公認美女反倒無法讓將軍看中。

※　※　※

假設，妳有幸被將軍看上，成為側室，升級為將軍專屬的御中臈，那妳之後的命運會如何呢？是不是就能不可一世，傲視群雌呢？答案當然是：不行。

側室沒有自己的房間，她們住在「一之側」的御年寄「局」的二樓，待遇和其他女官一樣。每逢將軍指名，側室再前往將軍臥

將軍在吹上御苑聽女官報告公事。楊洲周延畫。

室的「御小座敷」。「御小座敷」就是小房間，但這個「小房間」並不小，房內除了分為上層房、下層房，另有兩個房間。而且，將軍專屬的「御小座敷」臥室有很多處。

江戶時代前期，側室地位應該比正室差一些而已。十八世紀以後，大奧結構逐漸產生變化，御台所住的御殿和女官住處的長局，境界壁壘分明。

在這之前，掌握權勢的側室和御年寄的住居，都與御台所一樣，從長局獨立出來，但因為發生某側室在將軍枕邊慫恿幕府人事行政的事件，因此，到了第六代御台所天英院時，便將所有側室和御年寄全趕回長局。並規定，即便生下將軍子女的側室，地位也和女官一樣。

之後，側室生的孩子都成為御台所的孩子，一出生，即被抱到御台所御殿，從小就接受視御台所為母親的教育。孩子的乳娘從御家人或一般庶民中挑選，由於乳娘身分低賤，據說都由其他女官抱著孩子，乳娘則用巾帕蒙面餵奶。

話雖如此，乳娘和孩子的關係，一般都比形式上的養母御台所更親密。

至於生母的側室，對孩子來說，不是一家人，而是供使喚的女官之一。因此，側室只能吞聲忍讓地一直等，等自己生下的孩子登上將軍寶座，方能見天日。

可是，沒有人能保證妳生下的孩子，日後一定可以當上將軍呀！

不過，生得出總比生不出要好。雖然住在御年寄房間的二樓，至少可以在大奧擁有一定程度的權威，並終生過得富貴榮華。不僅本人，連娘家的親生父親，或進大奧之前花大把銀子臨時認來的旗本、御家人養父，都能享有權勢和利益。大抵是親生父親可以升格為武士門第，窮旗本或窮御家人養父也能升級加薪，連兄弟姊妹和親屬都能受到恩澤。

正因為如此，為了獲得將軍寵愛，側室之間的戰況極為激烈，側室身邊女官的嫉妒與鬥爭更是火爆。

唯有御台所，永遠高高在上。

側室絕對不會和御台所爭寵，畢竟門第完全不同。人家是從京都公卿貴族或皇家下嫁過來的，妳有膽量向對方下挑戰書嗎？

生得出孩子的側室也別高興得太早。

當時那個時代，即便生得出孩子，也很難讓孩子平安無事活到成年。孩子的夭折率相當高，尤其在大奧這種特殊溫室裡出生的孩子更易早夭。

大奧正是為此而存在，側室也是為了生下將軍世子而存在。

孩子死亡率高的原因多是天花和痲疹。死產和流產以及孩子夭折的最大理由，據說可能是女子化妝用的白粉。白粉原料是水銀和鉛，鉛是幕末時期才用在白粉，之前都用

女官居住的「長局」。楊洲周延畫。

水銀。

在此，先來說一則與白粉有關的小故事。

話說，平素靠家庭菜園維生，人稱「八王子長槍組千人同心」的武士團，每人每隔十年一次，必須輪流前往日光山值班一年，負責防範德川家康的東照宮發生火災。

「同心」是幕府的下級官吏，相當於現代的派出所警察，俸祿是三十袋米、二人扶持，和窮御家人一樣。不過，既然是警察，當然有額外收入，況且幕府提供的房地至少有一百坪，平日可以租給別人，自己當房東，整天搖扇子收房租過活。

這些同心太太，每逢丈夫前往日光赴任後，大多會花費儲存多年的私房錢，去買高級「伊勢白粉」。

「伊勢白粉」的原料是精製朱砂，也就是水銀與硫磺的天然化合物。但同心太太買「伊勢白粉」的目的不是用來化妝，而是當作墮胎藥。

不要問我為什麼這些夫人在丈夫遠離家門期間，會花大把銀子買來化妝白粉當作墮胎藥。聽不懂這段故事的人，請去問對男女關係較有經驗的前輩吧。

總之，大奧女官用的正是這種高級化妝白粉。

假定十五、六歲時，或者更早就進大奧工作，按當時的化妝法，是將白粉從臉部塗至胸部。千萬不要責怪大奧女官濃妝豔抹，當時沒有日光燈，大奧內部也並非每個房間都有陽光射進，不塗白粉，人家看不見妳的臉呀。總之，每天塗上可以當作墮胎藥的白粉，結果會如何呢？

這種側室生出的孩子，或者負責餵奶的乳娘也塗上白粉，對孩子的健康當然有很大影響。

實際上，歷代將軍的孩子鮮少有人活到成年，早夭例子非常多。

例如第十一代將軍家齊[41]，正室和側室總計四十餘人，兒女五十五人。其中，活到十五歲的僅有二十五人，活到四十歲以上的是十人。十人之中，男子占四名，第十二代將軍家慶[42]正是出自這四名男子之一，是家齊的次子，亦是排行第二長壽的孩子，但也只活到虛歲六十一。最長壽的是十五子，七十七歲，其他都在四十或五十多歲便過世。

如此，就算側室生得再多，倖存的孩子也少之又少。

難怪有人被將軍看上，卻「寧死不從」。

## ——女官的休假、人事調動、終生年金——

大奧的女子國家公務員，白天在御殿工作，夜晚回長局休息。清晨在大奧迎接晴日或雨天，夜晚在大奧點燃燈火再就寢，每天過著一成不變的日子。現代的女子公務員或大企業女子員工，都有週末、週日、國定假日、勞工假期等各種休息日，江戶城的大奧當然也有假日制度。

假日時，女官可以出城回娘家休息，或到市鎮大玩特玩一番。不過，只

41 —— 德川家齊：とくがわ いえなり，Tokugawa Ienari。1773-1841。
42 —— 德川家慶：とくがわ いえよし，Tokugawa Ieyoshi。1793-1853。

限工作兩年以上的低級女官。有資格謁見將軍及御台所的高級女官，原則上終生都不能出城。高級女官只能趁代替御台所出城參拜寺院，或出使大名家時，順便藉機去觀劇或賞花。

低級女官在進大奧第三年起，每年准予六天假期；第六年起，每年准予十二天假期；第九年起，每年准予十六天假期。假期通常定在春季，想出城回娘家的人，於每年三月向御年寄申請假期，收到許可通知後，即可風風光光地衣錦返鄉。

返鄉的下級女官在娘家通常去掃墓，並到親戚家敘舊致敬等。有些女官乾脆不回娘家，相邀一起去觀看人形淨琉璃劇或歌舞伎劇，甚至到郊外觀賞櫻花，或在海灘趕海，捕捉拾取各種貝類。

第一次返鄉時，親屬經常會問東問西，若依據「大奧法度」規定，其實不能向父母兄弟姊妹洩漏大奧任何瑣事。不過，大奧女官也是人嘛，集眾人目光焦點於一身的話，脫口道西說東也是人之常情。

大奧及武士門第階級的女官、侍女，雖說是「終生奉公」，但這個「終生」，指的是將軍或大名的一生，並非服侍人的畢生。對大奧女官來說，倘若將軍去世，表示將軍專屬的女官將會進行一次大規模人事調動。御台所那邊的女官也一樣。

將軍去世後，原本住在江戶城西之丸的世子，為了繼任將軍職位，會遷移至本丸。這時，西之丸的女官也會隨著新任將軍一起移居。那麼，服侍前任將軍或御台所的那些女官，末路到底如何呢？

有三條路可以選擇。

第一條路，剃髮；第二條路，留任；第三條路，辭職出城。

第一條路的「剃髮」只限前任御台所和側室，以及工齡三十年以上的女官。剃髮後的女官，人稱「比丘尼」，出城住在幕府提供的大宅邸，過著隱居日子，終生可以領取與在職期間幾乎同等的年金。

留任的人，繼續在大奧工作。

辭職出城的人，雖然沒有終生年金，但可以領一大筆退休金。

碰到這種大規模人事調動時，女官可以自由選擇留任或辭職。通常三分之一左右留任，有些掌握大權的御年寄，歷經數代將軍仍穩坐頭把交椅。御台所和側室則必定剃髮。

據說，嘉永六年（一八五三），第十三代將軍家定[43]繼任時，前任將軍家慶的專屬女官三百三十九人中，三十一人剃髮，一百零三人留任，一百零五人辭職。

43 —— 德川家定：とくがわ いえさだ，Tokugawa Iesada。1824-1858。

留任的一百零三人中，七十一人繼續擔任將軍專屬女官，三十二人調動為第十一代將軍家齊的子女專屬女官。

一般說來，留任的都是年紀相當大的女官，對於仍有能力懷孕生產的年輕女官，幕府通常會規勸對方辭職出城另尋良緣。

此外，不論職位等級，工齡三十年以上的女官，在將軍在世期間因其他理由不得不辭職時，都可以在基本工資中選擇米份或服飾費份，當作終生年金。這是第八代將軍吉宗制定的法規。

然而，第十三代將軍時的嘉永七年（一八五四），也就是美國海軍將領培里率領黑船再訪日本那一年，幕府財政已經極為窘迫，年金適用工齡從三十年提高至四十年。工齡三十年以上、四十年以下的人，只能領取兩年份的退休金。

至於下級女官，大多對升官之途不感興趣。比如御家人女兒，再努力也只能爬至下級雜

大奧女官。楊洲周延畫。

役女官總管職位，每天負責澡堂汲水和廚房瑣事，哪來的機會讓將軍「看見」妳啊？

下級女官只要工齡滿十一年，即便將軍沒有換任，也可以正式退休。工齡未滿十一年的人，除非結婚或父母生病，否則不能擅自辭職。

這些下級女官多半是富商、富農女兒，她們視大奧奉公為一種婚前培訓課程，在大奧學習禮儀並接受各種文化教育，盼望辭職後可以嫁到好人家。不過，十五、六歲時進大奧，工作十一年，辭職時已經將近三十歲，說實話，這個年齡的女子在當時很難尋到良緣，通常只能當人家的繼室，或乾脆自己開私塾，教授在大奧習得的茶道、花道、香道等技藝。

有關這點，間接錄用的女僕更自由，可以隨時辭職。

她們多是商家或農民出身的女兒，家庭環境不錯，從小就上私塾學習讀寫、彈唱三味線、淨琉璃等。進了大奧或大名宅邸後，還可以接受武士階級社會的高等教育。通過日常起居，舉止、措詞、茶道、花道、香道、古琴、舞蹈等，都能受到薰陶或培訓，提高教養。

這些人出城或辭去大名家後，對一般庶民男子來說，算是可望不可即的存在，可以嫁到好人家。

總之，對當時的女子來說，進大奧或大名家當女僕算是一種婚前的鍍金手段。

# 大奥的生活

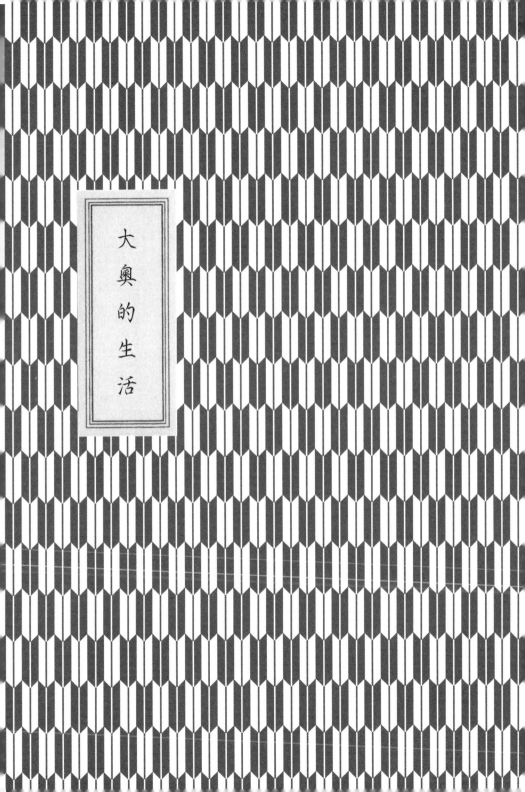

## 一將軍的一天一

身為將軍，表面看去似乎威風凜凜，一聲怒喝便足以令天下風雲變色，河山動容……事實並非如此。將軍只是一尊被關在大奧，二十四小時行動都在幕閣管理下的傀儡而已。

將軍每天早晨六點起床，除非生病，否則不能賴床。

早晨六點，侍童會四處大喊「哞、哞」（Mou、Mou），傳達將軍已經醒來的訊息，對將軍而言，是現代的鬧鐘。「哞、哞」是日語的「已經、已經」之意，全文的意思是「已經醒來了」，後來縮短為「已經、已經」。

將軍平素都在官邸中奧的辦公房間工作，中奧另有將軍起居室和寢室。除了「側用人」[1]與侍童，任何人都不准進入。「側用人」的職務是布達將軍的命令，也就是傳話人。

1——側用人：そばようにん，Sobayōnin。

將軍寢室的最上層榻榻米房，鋪著一張裡面塞滿棉花的大榻榻米，上面再鋪著被褥和蓋被，枕頭朝南。江戶時代的蓋被通常有袖子、領子，類似防寒長外套，將軍的蓋被也一樣，只是質料不同。

將軍起床後，先刷牙、漱口，再吐到痰盂。

當時的牙刷是將楊柳枝的另一端搗成刷子狀的用具，不僅將軍，庶民也用楊柳枝牙刷。將軍專用的牙刷有大小兩種，另附牙籤。牙粉由大奧專屬牙醫製成，除了牙粉，另有個盛著高級精鹽的盤子，還有同樣是楊柳製成的刮舌苔用具。

將軍參拜日光東照宮。
楊洲周延畫。

接著是洗臉。在二尺大的洗臉盆盛滿開水，侍童再用米糠包為將軍洗臉。如果將軍在大奧過夜，刷牙、洗臉工作就由大奧女官負責。漱洗過程約二十分鐘，只要多看幾齣中國大陸或韓國歷史電視劇，應該可以理解這些過程。

之後，將軍會移至小房間，等待御台所化妝完畢，或在中奧起居室和侍童閒談。擔任茶員的侍童一大早便燒好開水，將軍若想喝茶，隨時可以奉茶，只是必須由侍童先試毒。

上午八點左右用早餐。

早餐在「御膳所」總管指揮下烹調，各自盛在容器，運至試毒房讓專任者試毒。試毒後再將料理送到將軍的起居室，這裡另有大火爐，也有各種鍋爐，專門負責加熱因試毒過程而涼了的飯菜。因此，即便「御膳所」做出任何美食，送到將軍面前時，通常已失去原有味道。

將軍習慣坐在厚被褥用餐。早餐很簡樸，三菜一湯，除了米飯、味噌湯，另有一道涼菜、一道煮菜，第二張食案也僅有一碗清湯和一盤鹽烤鱚魚（沙鮻魚）。由於「鱚」字有「喜」字，為了消災，將軍每天早晨都要吃鱚魚，只有一日、十五日、二十八日這三天，鱚魚會換成整條鯛魚或比目魚。

將軍用餐前，御膳負責人必須先測量飯量，將軍用餐後，再度測量飯量，並詳細記錄將軍到底吃了多少。之後再向大奧醫師提出報告，當作將軍的健康狀況診斷基準。

早餐用畢，緊接著就是束髮。由四名侍童和兩名雜役分工為將軍紮髮髻、用剃刀刮臉，並刮頭頂部呈半月形的「月代」。其間，大奧醫師會進行診脈。

大奧醫師總計三十名，每天由六名醫師輪流診脈。其他另有外科、眼科、針灸各兩名，每隔三天輪流進城工作。換句話說，每天早晨，有八名醫師負責診察將軍的健康狀態。

說是診察，其實是一種定例儀式。

診察方式很可笑。兩名醫師一組，平伏在隔壁房間等候，時間到了，再進將軍起居室，先施一禮。將軍沉默地伸出左右手，讓左右兩名醫生診脈。診脈時，醫師絕對不能仰臉觀看將軍。他們將手肘支在榻榻米，垂著臉戰戰兢兢診脈，診畢，再施一禮，退下。如此讓四組醫師輪流診脈，待診察結束，束髮工作也大致完結。

這樣的診察若能診出異狀，那可是天下奇事。

反正只是慣例，將軍真正有病時，只有大奧醫師總管「典藥頭」有資格觸摸將軍身體。不過，當時的「典藥頭」是世襲制，當事人是否精通醫術，沒人敢保證。總之，無論「典藥頭」有無醫術，只要出事，都要負責。

這四組醫師也負責御台所、側室、世子的健康管理，診畢將軍的脈搏，還要到二之丸、西之丸巡診。

幕府官僚通常在上午八點進城上班，將軍結束診脈後，再換穿禮服接受官僚要人問安，九點左右進大奧，和御台所進行早晨問候儀式。接著，兩人一起進佛堂，祭拜將軍家祖祖輩輩的靈牌。

上午十點是總召見時間，也就是朝會。

側室以及有資格謁見將軍和御台所的大奧女官，全體聚集在將軍起居室的隔壁房，向將軍及御台所問安。由於全體都在和服上又披一件華

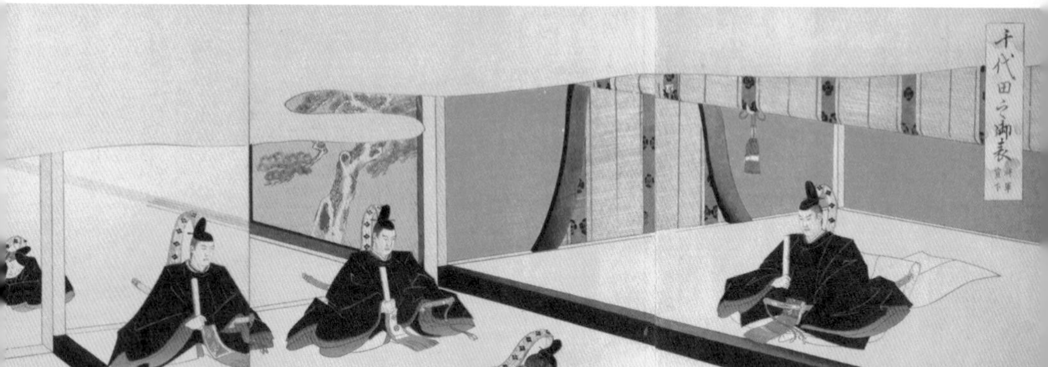

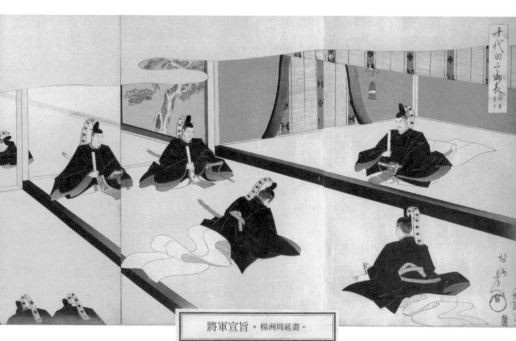


將軍宣旨。楊洲周延畫。

麗外套，景象頗為可觀。只要看過與大奥相關的日本電視劇或電影，應該可以想像得出那種場面。

只是，這是每天早晨的慣例儀式，女官只要行禮即可，將軍也沒時間仔細觀看女官的服裝或容貌，召見儀式結束後，將軍便得立即返回中奥官邸。

每月一日、十五日以及儀式日，諸大名進城時，將軍也是在上午十點進行總召見。不過，各大名都在將軍接見賓客的書院對著垂簾行禮而已，將軍到底在不在垂簾後，根本不是問題，或許當天的將軍正在大奥進行總召見。由這點也可以看出，對將軍來說，大奥的總召見很重要。

這般那般的，召見儀式結束時，大約是上午十一點左右。直至正午的午餐時間，將軍可以自由活動，或到庭院散步，或和侍童聊天，或做些射箭、劍術等運動。不喜歡武藝的將軍，可以待在大奥的將軍起居室發呆。

※　　※　　※

緊接著是正午的午餐時間。

將軍若在大奧，由女官負責伺候，若在中奧，則由侍童服侍。午餐比早餐豪華一些，除了生魚片和烤魚，有時也有鮑魚和鴨肉等，將軍亦可以另外吩咐當天想吃的菜。只是，午餐也要經過試毒過程，味道應該不怎麼好吃。

下午一點，將軍才前往幕府執政所的「表」辦公。

首先，將軍會命侍童長叫來側用人，開始處理政務。雖然側用人會遞上幕府最高官職眾老中請求審批的書面文件，但將軍不需親自閱讀，而是讓側用人代讀，將軍只是聆聽內容而已。

文件內容若是刑罰、賞罰或人事任命、罷免等事項，只要將軍不開口提出意見，全部貼上「通過」簽條，表示批准。

側用人遞出的文件只限未決案件，將軍聆聽內容時，房內只有將軍和側用人，其他侍童都必須退出。倘若將軍對文件內容有疑問或有其他意見，會在文件夾上簽條，敘述自己的意見，然後將文件退還給老中。有時因為待裁決的文件太多，一名側用人無法全部讀完，這時便讓二、三名側用人同時朗讀。碰到這種情況，將軍等於有聽沒有懂，只能全部貼上批准簽條。

倘若幕府官僚想讓將軍批准某項棘手政策，通常會帶來許多文件，讓三名側用人同時朗讀，如此，再麻煩的內容也能順利通過。只要貼上批准簽條，官僚便能以「將軍之意」下達，之後，即便是將軍本人，也無法再撤回命令。

側用人相當於將軍的政治顧問，通常自俸祿五千石左右的旗本中選出。江戶時代初期，將軍會和側用人商討政策，而側用人除了傳達諸大名和眾旗本的意見，也會向將軍報告各種世間輿論，可以說是極為重要的職位，只是後來便完全形式化了。

第八代將軍吉宗時代，曾制定了訴訟箱制度，於每月二日、十一日、二十一日這三天早晨至正午，讓一般老百姓或因故失去主君的浪人直接投遞狀子。狀子必須寫明投訴者姓名與地址，而且只限對政治有助的意見、官吏惡事通報，以及明明向官吏訴求了某事，卻毫無下落的案件通報等。

投訴箱鑰匙由將軍親自保管，存放在將軍的護身符袋子中，任何人都無法作弊。每逢投訴日，投訴箱會在官僚的嚴厲監視下，直接抬到將軍面前。

狀子有時多達四、五十封，其中也有攻擊老中的狀子，或暴露地方官員貪污事件等。將軍讀了這些狀子後，會召集直屬的「御庭番」[2]，也就是忍者、密探，命他們去調查詳情。「御庭番」也是吉宗創立的，類似現代日本的公安局，

2 —— 御庭番：おにわばん，Oniwaban。

將軍觀覽打球。楊洲周延畫。

或美國的CIA、FBI。

御庭番可以進入禁止一般官員出入的江戶城內院，並能和將軍直接對談。為了保密，御庭番只限與同族人結婚，出身都是伊賀、甲賀這兩門忍術流派的忍者。他們武術高強，會化為各種身分，在江戶市內，或前往各藩國及幕府直轄地進行密探工作。

貧民救濟政策之一的免費醫院小石川養生所，便是自投訴箱誕生，而且此醫療設施一直持續至幕末時代。小石川養生所現在是日本國家指定名勝古蹟，正式名稱為「東京大學大學院理學系研究科附屬植物園」，通稱「小石川植物園」。

江戶時代的消防隊組織制度藍圖，也是出自訴訟箱的狀子。第八代將軍吉宗甚至為了讓社會經濟活性化，起用了當時批判經濟政策的投訴人。

將軍觀覽武藝。楊洲周延畫。

話說回來，將軍進行政務的時間，大約二、三小時便結束，之後是自由時間。勤學的將軍會聆聽儒者授課，愛好武藝的將軍會練習射箭或長矛。

例如，第二代將軍秀忠喜歡園藝，第三代將軍家光愛好書法，第八代將軍吉宗會去觀賞寵物的鴛鴦，第五代將軍綱吉和第十一代將軍家齊熱中閱讀，第十二代將軍家慶則特別愛跳舞。

不過，能幹的將軍有時會將文件帶到起居室，重新仔細評估。這時，身邊沒有任何人，將軍可以獨自深思熟慮政策與私事，或提筆寫一些必須送到朝廷的書信。

若當天碰巧是幕府儀式日，將軍便得一直坐在大廳上座。

至於大奧那邊，於下午兩點至四點這段時間，會準備好下午茶和點心、水果，讓將軍隨時過來喝茶。這段時間，將軍不用穿禮服，可以換成便服隨處走動。倘若將軍當天想進大奧過夜，必須在「御錠口」[3]關閉時間的下午六點之前，通過大奧表使，傳達給御年寄，順便指名當天的同衾者。

無論練習武藝或觀賞園藝，或到大奧喝下午茶，晚餐前的黃昏時刻是將軍入浴時間。

※　※　※

有些將軍習慣每天入浴，討厭入浴的將軍則每隔兩三天洗一次澡。

將軍可以自由選擇由侍童服侍的中奧澡堂，或由女官伺候的大奧澡堂。如果將軍當天決定在大奧過夜，通常在大奧澡堂入浴。

將軍進了澡堂後，先將佩在腰上的護身刀交給侍童或女官，擱在刀架，之後再讓侍童或女官解衣，接著再讓服侍者各自用米糠包洗臉、洗手腳等。

為此，據說每天都要準備七、八個米糠包，白木棉浴衣大約十件。將軍泡完澡後，服侍者會將浴衣披在將軍身上，依次交換浴衣，如此逐漸吸乾將軍身上的水滴。現代人只要一條浴巾便能擦乾全身，但將軍的「龍體」不准任何人觸摸，過程才會如此冗繁。用過一次的浴衣會轉讓給底層的男傭，應該不算浪費。

江戶初期，有些將軍會在此時春心蕩漾，向澡堂服侍者的最低級女官伸出魔手，生下的孩子通稱「御湯殿之子」。最有名的例子是第三代將軍家光的三子德川綱重[4]，綱重於日後成為幕府直轄地的甲府藩藩主（山梨縣甲府市），亦是第六代將軍家宣的生父。

為了避免這種事頻繁發生，後來幕府便禁止將軍在大奧澡堂入浴。第八代

---

3 —— 御錠口：おじょうぐち，Ojōguchi。連接大奧和中奧的通道。

4 —— 德川綱重：とくがわ つなしげ，Tokugawa Tsunashige。1644-1678。

將軍吉宗也是「御湯殿之子」，不過，吉宗是特例，畢竟他不是在大奧出生長大。

將軍入浴後，倘若當天不是齋戒日或齋日，幾乎都穿著便服進大奧，在大奧的將軍起居室用晚餐。晚餐時間是下午六點。

※　　※　　※

將軍的晚餐是一天中最豐盛的一頓，也只有在晚餐時可以喝酒。大奧離「御膳所」比較近，菜餚不會太涼，運氣好的話，將軍可以吃到應時鮮魚或蔬菜。有時和御台所一起用晚餐，有時會舉行宴會。總之，將軍絕對不可能和臣下一起吃飯。

要是當天是齋戒日，晚餐便完全沒有魚肉類，只有蔬菜和豆腐。由於禁忌太多，將軍的三餐其實比江戶庶民更乏味。

況且，將軍家的齋戒日特別多，第八代將軍吉宗時，光是世世代代的將軍忌辰，每年就有七次，到了第十五代，每年有十四次，而且每個月的忌日也必須吃素。也因此，後來只得把實際忌日和既定齋戒日合為一體，要不然將軍就得每天吃素。

齋戒日並非只限世世代代的將軍忌辰，其他另有世世代代的御台所和將軍家血緣者的

將軍觀賞藝能。楊洲周延畫。

忌辰，即便將軍從未見過該人，在當天也得吃素。由於齋戒日太多，日後改了規矩，於當天下午六點左右解除戒葷，將軍於晚餐時可以吃葷食。

此外，因將軍在大奧成長，不通世情，而且沒有機會品嚐庶民吃的大眾快餐，缺乏食品和調味的對比知識，三餐禁忌既多，菜餚種類又少，往往會養成偏食習慣。換句話說，將軍吃的三餐都是低蛋白質、低脂肪、低營養的膳食。

而且，將軍嚴禁好惡，不喜歡吃的東西也得默默無言硬吞下去。如果一口不吃全部留下的話，負責烹調的官員會遭處罰。將軍不愛開口說話，正是基於此因，一句話便會牽連到幾十甚或幾百條人命，乾脆緘口不言。

飯後，將軍若在大奧，不是和御台所聊天，就是和眾女官玩耍；要是在中奧，便和侍童閒談或下棋。

有時會趁飯後空檔施灸保健。將軍施灸時，會換穿一種背面用五色線綁住的特製和服，服侍者解開五色線後，再依次施灸。

身為將軍的人，無論寒暑，均不能露出肌膚，身上都要穿許多件衣服。也因此，據說每件衣服的背部都有特製開口，需要醫治或有必要露肌時，再一件一件解開，只露出該部分肌膚，事後再綁上五色線。

江戶時代的時刻算法和現代不一樣，但將軍的就寢時間大致是現代的夜晚九點至十點這一時段。

※　※　※

將軍若在中奧就寢，向南枕頭旁會擱著火災裝束、換洗衣物、幾個枕頭。侍童睡在東方角落。將軍若在半夜起床上廁所，由三名侍童陪同，如廁後，倘若將軍是成人，據說自己擦屁股，回房後，侍童會換掉枕頭。將軍若在大奧就寢，通常睡在距離「御鈴廊」[5]最近的寢室。「御鈴廊」是將軍進出大奧的榻榻米通道，寬約三公尺半，長約二十七公尺。

總之，到了時刻，侍童會再度「哞、哞」地四處大喊，通知將軍的就寢時間。將軍睡在中奧時，警衛會每隔兩小時輪流值夜班，將軍若在當天決定進大奧過夜，就變成大奧那邊的女官緊張兮兮忙得不可開交。

不過，將軍並非隨時都可以進大奧過夜。歷代將軍的忌辰、近親者的忌辰、既定齋戒日等，都不能進大奧。也就是說，到了第十五代將軍，大概每個

5——御鈴廊下：おすずろうか，Osuzurōka。

月有十五天齋戒日，平均換算下來，歷代將軍一個月僅有數日可以進大奧。

將軍進了大奧的寢室，通常當天接到指名通報的側室已在房內恭候。順便說一下，為了不讓側室在將軍枕邊說東道西，將軍寢室的隔壁房必定有徹夜負責監視的「聆聽」一人，而且限定是處女。

看來，將軍除了三餐乏味外，連床第之私也趨於公式化，枯燥無味。此外，負責「聆聽」的人，翌日必須向上司報告詳細過程，這種工作，大概比將軍更累。

為了伺候一個月只來數次的

將軍前往上野。楊洲周延畫。

將軍，大奧的將軍專屬女官多達二百人以上，而且這些女官另有自己專屬的女傭。御台所專屬的女官人數也差不多。

據說，第十三代御台所篤姬於將軍過世後，落髮成為天璋院掌管大奧時，大奧女官及女傭人數，約有一千名左右。

前面說過，僅有將軍一人有資格進大奧，但正確說來，另有七百多名負責大奧出納、事務、廚房庶務等事項的男性公務員。只是，他們都聚集在大奧大門內北側的「御広敷向」[6]，平素與大奧女子公務員隔離，只有一道通往御殿的出入口。

擁有八百萬石收入的將軍，說穿了，相當於被囚繫在江戶城的木偶，在幕府首腦部的管理監視之下，過著不苟言笑、一板一眼的日子。

不過，上述的將軍二十四小時生活，僅是標準例子，依據個人差別以及政務繁閒波動而有異。

總之，身為將軍的人，幾乎一天二十四小時都有二至四名侍童跟在身邊，侍童每隔兩小時輪班一次。而且，將軍這個職位，終年不打烊，沒有週末週日或長假之類的休息日，更無隱私可言。

6——御広敷向：おひろしきむき，Ohiroshikimuki。

歷代將軍平均壽命是四十九歲。其中，深獲後世史家好評的第十四代將軍家茂[7]，運氣實在不好，登上將軍寶座時，時代已跨入幕末，內憂外患，接踵而來，公事太多，疲於奔命，最後病逝於大阪，得年二十一。用現代話來形容，應該是過勞死。

大體說來，年幼將軍除外，歷代十五位將軍中，僅有少數幾位將軍勤於執政，其他將軍似乎都相當偷懶。

## ─御台所的一天─

自從第三代將軍家光迎娶京都朝廷公卿女兒孝子為正室後，京都朝廷貴族的女兒便成為歷代御台所唯一人選。對將軍來說，具有京都朝廷貴族階級素養的妻子，或許是一種高高在上的存在，凜然難犯。

雖然大奧是以御台所為中心的女人集團區域，然而，實際掌權的人，不一定是御台所。

家光時代的掌權者是春日局，第五代將軍綱吉時代的掌權者是桂昌院（家光

7——德川家茂：とくがわ いえもち，Tokugawa Iemochi。1846-1866。

側室、綱吉生母），第六代將軍家宣時代則由側室月光院（第七代將軍家繼生母）當權。除了春日局是奶娘身分，其他都是繼任將軍的親娘。

話雖如此，御台所在大奧也並非處於坐冷板凳的立場。只是，不知是不是個性太纖弱，禁不起大奧女官的折磨，無論哪一代御台所，鮮少有人生下德川將軍家後裔。即便生了，也都早夭。不過，正因為鮮少有御台所生下孩子，反倒令人起疑……是不是大奧從中耍把戲，故意不讓京都皇家、公卿成為繼任將軍的外戚？

總之，即便沒有任何御台所生下繼任將軍，也絲毫不減損她們的功績。畢竟是她們將京都朝廷禮法及風俗帶進大奧，讓江戶文化與京都文化融為一體，繼而演變為現代的日本文化。況且，她們的存在也為幕府將軍增添了莫大威望。

最可憐的御台所是家光正室孝子。從一開始，夫妻關係便極為險惡，正確說來，是家光這方厭惡孝子。婚後不久，孝子即遭家光冷落，被逐出大奧，獨自住在江戶城中之丸。直至家光過世，孝子一直過著軟禁生活。雖然第四代將軍家綱視孝子如同母親，不但事事敬重孝子，更給予優厚庇護，可孝子過世之際，家綱也無法為孝子服喪。

比起將軍的日常生活，記載御台所的生活史料少之又少，但仍可以集結各種片斷資料，綜合出御台所的二十四小時時間表。

御台所這邊不像將軍那邊「哖、哖」地喊個不停，人家這邊大抵是輕聲細語的京都腔。

上午七點，御中臈會喚醒御台所，接著是其他女官傳達「醒來了，恭喜恭喜」的叫聲。為什麼是「恭喜恭喜」呢？人家是平安時代以來的朝廷貴族身分，身世比武士階級的德川將軍家高嘛。

御台所的起居室位於大奧御殿東北方，包括上層房、下層房、二之房、三之房、茶房、寢室、化妝室、浴室、庫房等。簡而言之，就是御台所的日常生活居住區。所謂「上層房」、「下層房」，意思不是兩層，而是榻榻米的高低。「上層房」的榻榻米比「下層房」高了一截。

負責鬧鐘職務的貼身侍女喚醒御台所後，首先，御台所會用黃蘗煎汁液刷牙漱口，之後在化妝室一面讓女官梳髮，一面用早餐。此時，將軍早在一小時之前便起床，大概正在進行飯後的健康檢查。

或許有人會問，早上第一件事不是先上廁所嗎？

是啊，我也是先上廁所，再下樓到浴室進行刷牙洗臉的事呀。前面也說過，有關御台

女官為御台所梳頭。楊洲周延畫。

在一旁伺候御台所梳頭的女官。楊洲周延畫。

所的日常生活記錄太少了，目前只知道，可能先漱口，再上廁所，之後是刷牙洗臉。

御台所的廁所名為「萬年」，意思是即便用了十年，也不用擔心會滿溢，是個深不見底的地洞，而且無論「大」、「小」，均由御中臈負責擦拭。將軍得自己擦屁股，御台所卻不用動手，由這點也能看出，御台所的出身階級比將軍高許多。只是，連上廁所也有人跟在身邊的話，日子大概比將軍更難熬吧。

早餐用畢，接著是健康檢查。御台所的健康檢查不像將軍那般麻煩，一個月僅有五、六回，診脈和舌診而已。

※　※　※

最麻煩的是化妝。

御台所吃完早餐，抓緊時間趕到化妝室後，每天都要在臉部、頸部、胸部塗抹二百次京都白粉。沒辦法，當時的風俗是身分愈高貴的人，化妝必須愈濃。大奧女官也是每天早晨都要刮臉，再塗上厚厚一層用水化開的白粉。

其次是用鐵漿染黑牙齒。為了避免沾污衣服，會披上一件披衣，類似我們現代人染髮時，在肩膀披一件塑膠製披衣那般。口紅也不能忽略，用胭脂紅在嘴唇外側抹濃一點，內側則薄薄塗上一層。據說，只有染牙和塗口紅是御台所親自動手，女官或貼身侍女負責持鏡。

化完妝後，還得再次更衣。將軍進行總召見時，御台所每天都要換穿不同花色的衣服，一天約更換五次，光是一年的服飾費就相當龐大。

大奧女官的服裝和髮型，根據身分有別。儀式日和平日又有區分，再依據四季而替換，非常複雜。不但隨時代而有變遷，也隨御台所的愛好而有差異。現代人還是去看電視劇或電影比較易懂，由於已經無法考察，電視劇或電影中的大奧女官，髮型和服飾都差不多。

總之，御台所的早晨極為忙碌。九點左右，將軍會進大奧和御台所一起到佛堂祭拜歷代將軍靈牌，十點時，將軍會在起居室進行總召見。這是每天的慣例儀式，即便只是向將軍行禮而已，御台所也不能遲到。

御台所和眾側室以及御中臈、御年寄等眾女官，向將軍道畢早安後，御台所還得換上便服，回自己的起居室休息。

一般說來，御台所一天至少須換三次衣服，與將軍會見時，則每次都要更換不同花色的衣服並補妝。一天更換五次，指的是起床時、早上總召見時、用午餐時、用晚餐時、就寢時，扳指算算，幾乎每隔三小時就要換衣補妝。不要說換衣服，光是補妝，我就覺得麻煩透頂。

而且，一天五次的更衣中，總召見和午餐又規定不能穿同一款衣服。若非有負責記錄更衣的專職女官，類似現代拍電影時的場記，否則一定會搞混。

正午是午餐時間。吃飯前，還要換一次衣服。

午餐用畢，接著是入浴時間。

※　※　※

江戶時代初期，御台所都在總召見結束後入浴。但是，大奧的浴池構造和民間澡堂浴池不同，並非讓僕人在外面燒火，而是讓下級女官輪流抬進煮沸的熱水，以及調節溫度的冷水。

總召見是上午最繁忙的時刻，而負責澡堂的下級女官更要為了準備御台所的入浴，忙得昏頭昏腦。況且這是每天的例行公事，馬虎不得，後來大奧便將御台所的入浴時間改在午餐後。

御台所入浴。楊洲周延畫。

大奧浴室構造和現代日本人家庭的浴室差不多，開門進去後，先是脫衣場，再裡面的下層才是洗澡間。現代日本家庭的浴室脫衣場和洗澡間之間另有一扇毛玻璃門，脫衣場通常有一套附鏡子的浴室櫃，旁邊再擱著洗衣機、毛巾浴巾之類的櫃子，再裡面才是有浴池的洗澡間。

也就是說，想洗澡的人先在脫衣場脫下衣服（我都直接將換洗衣服丟進洗衣機），再進洗澡間洗澡。倘若家人正在洗澡，反正脫衣場和洗澡間之間另有一扇門，其他人也可以進脫衣場刷牙洗臉或轉動洗衣機。

大奧的御台所洗澡間約八張榻榻米大，下級女官抬進熱水和冷水，調節溫度後，負責澡堂公務的御中臈再用米糠包為御台所洗身子。米糠包數量及用法和將軍差不多，有洗手專用米糠包、洗腳專用米糠包、洗背專用米糠包等，每天大約需用七、八個，都是一次性，用過即丟。

有時也會順便洗頭髮。不過，不是在洗澡間洗頭髮，而是回到化妝室後再洗。洗髮料是麵粉和鹿

在一旁伺候御台所入浴的女官。楊洲周延畫。

角菜，用水化開即成為洗髮水，由於時間不多，通常讓御中臈用乾毛巾蘸著洗髮水擦拭頭髮而已。

洗澡、洗髮結束，大致已是下午兩點，結束公務的將軍即將進大奧喝下午茶。御台所必須快速換衣，再去迎接將軍，之後同將軍一面吃點心，一面暢談。

下午茶時間大約一小時，之後，便是御台所的自由時間。如果將軍仍在執政所忙政務，沒時間過來喝下午茶，御台所就和大奧女官聊天。總之，大奧女官每天都必定會準備好下午茶，等將軍過來休息。

御台所在自由時間通常和大奧女官一起進行茶道、香道、花道，或玩百人一首和歌紙牌、投扇遊戲等，根據季節，有時也會在大奧庭園散步。由於御台所多是京都朝廷公卿女兒，據說特別喜歡小倉百人一首和歌紙牌遊戲。

晚餐時間是下午五點。這個時刻，將軍正在入浴。基本上，御台所和將軍各自在不同時間用晚餐，但將軍若在大奧，有時則一起用晚餐。菜單以鯛魚生魚片、鯉魚醬湯、鹽烤魚等魚類為主。

晚飯結束後，御台所可以擁有閱讀或學習藝道的空暇。下午八點，吃點消夜，九點就寢。據說幾乎每一位御台所都在換了睡衣，躺進被褥後，立即進入夢鄉。

想想也是，每天都過這種類似換裝玩偶角色日子的話，夜晚睡覺時，應該不用拜託御醫開安眠藥吧。

以上是御台所平素的二十四小時，接下來，我們再來看看御台所與將軍的夜生活。

※　※　※

將軍若打算在大奧與御台所一起過夜，大奧御年寄於傍晚便會接到通知。這時，御台所必須更動夜晚的所有時間預定表。

首先是入浴。

咦，下午不是已經洗過了嗎？

不要多問，總之，再洗一次！

不但要讓御中臈用米糠包仔細刷洗身體各個部位，化妝也要比平素更濃，最後用梳子捲高頭髮。之後，御年寄會送來包袱，裡面是一套嶄新白緞子睡衣。有些御台所會帶著平素自己睡習慣的枕頭出發。（現代人好像也有人帶著枕頭四處旅遊？）

出發？帶著睡衣包袱和枕頭，御台所到底要去哪裡？

目的地當然是將軍的大奧寢室。

在此先說明一下，將軍和御台所的夜生活，是一種傳宗接代的神聖儀式，既不陶然，更缺乏任何愉悅。而且，御台所寢室和將軍寢室，距離約三百九十公尺餘，其間還要在走廊拐來拐去，繞好幾個彎。

將軍通常在下午六點或九點進大奧。下午六點時，表示和御台所一起用晚餐，九點，表示晚餐已用畢。當天值班的御年寄和御中臈以及陪侍女官，早在一小時前已抵達目的地。

據說，大奧女官或側室鮮少有人會對御台所萌生羨慕或嫉妒感情，因此，御台所在走廊拐來拐去時，從一整排女官房間「長局」射出的視線，大抵都不含敵意。

將軍的大奧寢室不僅一間，每間寢室都打掃得乾乾淨淨。預定和御台所同房時，通常都在固定的寢室。

當天夜晚，御年寄與御中臈會於事前先檢查房內道具。將軍被褥設於上層房中央，御台所被褥鋪在離入口較近的下位。將軍被褥枕邊設有擱置枕刀的刀架、香菸盤、鼻紙台、吉野紙等。

「枕刀」是避邪用的，也算是護身刀。現代日本人舉行葬禮時，為了避免其他惡靈闖入遺體，有時也會在遺體枕邊或棺材上擱一把枕刀。「吉野紙」則為奈良縣吉野出產的高級和紙，非常薄，而且柔軟、強韌，不易撕裂。

男人世界的中奧與女人世界的大奧，兩者境界用銅瓦圍牆隔開，只有兩處出入口。其中一處是平素不開門的太平門，因此嚴密說來，出入口只有一處，而且僅限將軍一人出入，正是前面說過的「御鈴廊」。

將軍進大奧時，先穿過一道沉重的杉板門，接著，會有人拉下繩索，繩索與吊在天花板的鈴鐺連結。鈴鐺響起時，大奧女官便能得知將軍已進大奧。由於大奧嚴禁任何人帶進任何刀劍類，在此，迎接將軍的御年寄和表使，會先收存將軍佩在腰上的長刀與護身刀。

上午的總召見儀式和下午茶時間，過程都一樣。

御鈴廊兩側排滿了伏地跪拜的大奧女官，一身輕的將軍通過御鈴廊後，通常直接前往自己的起居室。

將軍若在下午六點進大奧，有時先入浴，有時先用晚餐。

江戶城發生過好幾次火災，因而，大奧的三餐都由中奧的御広敷御膳部男性公務員負責，浴室則不論大奧或中奧，都是熱水和冷水供應式。

也因此，已經在中奧烹調好晚餐的御膳部男性公務員，必須再度計算重熱一遍晚餐的時間，焦急地等待指令。而負責燒水的下級大奧公務員，應該也會等得焦頭爛額。

我想，光是燒開水、抬熱水、抬冷水這項工作，就足以讓某些女性讀者搖頭嘆道：

「就算年薪、退休金、養老金條件優渥，我也不想當大奧公務員。」

※　※　※

話說回來，御台所帶著睡衣包袱和枕頭，在走廊拐來拐去，總算來到將軍寢室。

各位讀者在此不用替御台所抱怨，反正不可能真的單獨一人抱著枕頭過來，貼身侍女會幫忙提包袱和枕頭。

不過，想到御台所必須在眾女官躲在門後偷看的走廊拐來拐去，而且目的明顯只有一個——換做是我，大概也會走得心驚膽戰。

御台所和將軍大約在夜晚十點進寢室。這時，將軍再讓女官服侍，換穿純白內衣和灰色睡衣，御台所也換穿自己帶來的睡衣。陪侍女官收拾好換穿衣服，拉開屏風，對著屏風施禮，之後退到隔壁房。

將軍和御台所同房時，身邊不需陪睡者，但御年寄和御中臈會在隔壁房值夜班。值夜班的女官只限處女。

如果當天夜晚與將軍同衾共枕的人不是御台所，而是御中臈的寵妾或側室，過程會更麻煩。何況歷代將軍都比較喜歡指名寵妾或側室。

假設，中奧那邊於下午提出「今天想和阿江同房」的要求，御年寄得先確認阿江是否正值月事，以及阿江當天的健康狀態。沒問題的話，御年寄才會向中奧回覆ＯＫ。

到此為止，過程和御台所一樣，接下來可就大費周章。

阿江必須先換穿「白無垢」服裝，也就是某些現代日本新娘於婚禮時穿的全身上下純白的傳統嫁衣，頭髮則用梳子捲高，頭上不能戴任何可以成為凶器的簪子或裝飾品。阿江身後跟著一名捧著換穿衣服的下級女官，負責陪睡監視的「聆聽者」御中臈則跟在兩公尺後。

穿著「白無垢」在走廊拐來拐去的話，當然會引人矚目，於是自「長局」各女官房門縫射出的視線，便充滿既羨慕又憎惡的感情，冰冷得足以凍死人。

當阿江一行人抵達目的地時，在將軍起居室等候的將軍專屬御年寄和御中臈，會先解開阿江的頭髮，仔細檢查頭髮內有無隱藏凶器或信件。負責陪睡監視的御中臈也要接受檢查。

檢查完畢後，在場的人除了當事人的阿江、陪睡的御中臈、將軍專屬御年寄、將軍專屬御中臈，再加入一名和尚打扮的「御坊主」，總計六名。「御坊主」是將軍身邊的雜役，年齡較大，倘若將軍寢室發生意外，也能冷靜應付。

這時，將軍寢室當然早已準備好一切，只等將軍到訪。

入寢時，先是將軍躺在中央的被褥，右邊是阿江的被褥。將軍被褥左邊是陪睡角色的被褥，阿江被褥右邊是「御坊主」的被褥。也就是說，寢室內鋪著四套被褥，依次是女（御中臈）、男（將軍）、女（阿江）、女（御坊主）。

三名女性中，只有阿江可以面向將軍，其他人均必須背對將軍，而且不能真的入睡。她們的任務是徹夜「聆聽」。「聆聽」工作似乎很辛苦，後來，大奧便分發類似鎮靜劑的白色藥粉給擔任陪睡的「聆聽者」。至於方才負責檢查頭髮的御年寄和御中臈，則退到隔壁房值夜班。

為何必須如此警戒呢？

因為在第五代將軍綱吉時代，發生過側室在將軍枕邊慫恿政治人事的例子。幕府為了防止側室要求將軍起用娘家親屬等這類弊病，才設置了陪睡監視聆聽制度。

在一旁伺候御台所換衣的女官。楊洲周延畫。

御台所換衣。楊洲周延畫。

如此，眾人好不容易度過一夜。天亮後，陪睡的御中臈還得向在鄰室值夜班的御年寄，具體性地報告整夜發生的事。

在這種條件下同衾的話，將軍和側室到底能不能「專心」辦正事呢？這點，大概依當事人的個性之差而有異。

總之，同性的忌妒眼光、漫天飛舞的鉛白毒粉、四人同房的房事規矩……在這樣的大環境下，女性這方應該很難受孕。即便幸運受了孕，並平安無事生下小孩，小孩也難以健健康康成長。

儘管如此，第十一代將軍家齊倒是非常賣力，讓側室生下五十三個孩子。家齊不是在大奧出生長大，他是六歲時進大奧，十五歲就任將軍職位，在位期間五十年。或許在位期間很長，隨著年齡增長，臉皮便益加增厚，神經也比較大條吧。

※　※　※

話說回來，無論再怎麼受將軍寵愛，側室的立場終究只是紙飯碗，完全靠不住。畢竟沒有人能預知將軍什麼時候會轉移寵愛對象，再說，能夠和將軍同床的期間也有限。

同床年齡限制是三十歲。有關這點，御台所也一樣。簡單說來，無論御台所或側室，只要到了虛歲三十，便必須向御年寄提出同房辭退書，表示今後將不再和將軍共枕過夜。

當時的高齡生產比現代人更危險，三十歲過後才懷孕的話，很有可能於懷孕期間或生產之際，母子倆同時喪生。

三十歲過後的側室，照樣住在大奧，過著與異性無緣的日子。生下將軍後裔的側室，可以和孩子一起住在大奧，地位也較高；但是，對孩子來說，她們僅是臣下身分，而非親生母親。至於沒有孩子的側室，則以女官身分繼續在大奧服務，終生都不能離開大奧。

此外，若將軍過世，她們必須剃髮為尼，住進二之丸或三之丸，或隱居至櫻田御用宅邸，過著為將軍祈冥福的日子。說穿了，就是軟禁生活。

櫻田御用宅邸位於江戶城城外，離日比谷城門不遠，日比谷城門則位於現今的日比谷十字路口。據說，占地一萬二千坪，裡面有十一棟獨立房子、兩棟大雜院、兩棟類似現代公寓的平房。獨立房子中，五棟是大奧高級女官的別墅，例如生病出城養病等，其他六棟則為「御庭番」旗本家的機關宿舍。

不過，將軍過世後，將軍世子以外的孩子，通常會成為其他大名的養子或媳婦，生母也會跟著孩子搬過去。否則，光是歷代側室人數，櫻田御用宅邸就會爆滿。

側室生重病時也不能出城，她們只能在二之丸或櫻田御用宅邸療養，就算過世，也不能回娘家，喪葬儀式在櫻田御用宅邸舉行。

側室若想在大奧爭取自由，只有一條路可走——生下繼任將軍，成為將軍生母。只要成為將軍生母，即便將軍換代，也不會失去在大奧的權勢。不過，能步上這條路的可能性，恐怕比中彩票或遭雷劈的概率更低。

總的說來，在大奧若想取得最終勝利，只能獲得將軍寵愛，再生下將軍的孩子，並讓孩子成為繼任將軍。正因為如此，大奧女官及其侍女，為了爭奪將軍寵愛，經常發生陰險惡毒的衝突事件。

## —女官、侍女的工作—

### 御中臈的一天——

大奧女官雖是鐵飯碗的高薪國家公務員，但也並非每個都能像電視劇中的高級女官那般，穿綺羅、戴金釵，過著優雅日子。日常生活中的打掃、洗衣、烹調等工作，到底由誰負責呢？

高級女官御年寄。楊洲周延畫。

我們先來看看御中臈的一天。

御中臈的工作時間分為值班、夜班、歇班三種。值班是上午十點至下午兩點左右，之後可以休息，夜晚再出來上班，直至第二天早晨。夜班是中午過後至第二天早晨十點左右，歇班則為休息日。

御台所的起床時間是上午七點，負責換穿打扮的值班御中臈，要先出聲說「醒來了，恭喜恭喜」，喚醒御台所。之後，幫忙御台所漱洗、換衣、挽髻，其間，配膳室已送來早餐，御中臈還要負責領取食案。

御台所的食案總計九張，每一道菜，御台所通常只吃一口，餘下的正是御中臈及御年寄等人的早餐。

上午十點是將軍主持的總召見朝會，御中臈要陪御台所一起向將軍問候，朝會結束，還要幫御台所換衣服。

正午十二點的午餐和早餐一樣，都是御中臈在一旁伺候，飯後，陪御台所聊天。下午兩點，將軍進大奧喝下午茶，這時，御中臈也要陪御台所和將軍暢談。之後是御台所的自由時間，無論茶道、和歌或玩百人一首和歌紙牌、投扇遊戲等，都由御中臈奉陪。

御台所的晚餐也由御中臈服侍。到了就寢時間，倘若御台所單獨一人睡，一名值班御中臈及一名御年寄候補的中年寄，就睡在御台所一旁，下層房另有一名御中臈擔任警衛。

如此，御中臈總是跟在御台所身邊服侍一切，並負責警衛工作。也因此，御中臈的工作相當忙碌，通常有七、八名定員，兩人一組輪班工作。

## 下級女官的一天——

最下級女官稱為「御末」或「御半下」、「御端」，定員五十名，擔任大奧內部各種雜事。御台所在上午七點左右起床，御末必須在御台所起床之前完成打掃、汲水工作。

御末的早晨比御中臈更忙，上午四點左右起床，一天中，起初要做的工作是打掃。此時，不要說御台所了，其他多數女官也仍在夢境雲遊，因而她們必須用羽毛掃帚不出聲地清掃房間和走廊。

大奧是一個月進行三次大掃除，大掃除時很徹底，連廚房的天花板都要潑水洗滌，所以平日的房間和走廊不怎麼髒，御末每天早晨的清掃工作也就不吃力，用羽毛掃帚便足以了事。只是要注意不能發出聲響。

不過，年底的大規模掃除更徹底，女人做不來，這時就得讓打掃男工進大奧進行大掃除。但大奧是男人禁地，女官不能和男工碰面，為此，當天會將大奧建築物分為兩部分，用屏障和榻榻米隔開。之後，讓女官移動至東側，再讓男工打掃西側，然後，再讓女官移動至西側，讓男工打掃東側。全部結束後，再撤掉屏障和榻榻米。

御末做完早晨的打掃工作後，各自臨機應變吃早餐，之後再進行御台所起床時打扮用的汲水工作。兩人一組，用吊桶打井水，再把水盛入「玄蕃桶」[8]。

「玄蕃桶」是用一根棒子穿過水桶上部兩端的洞孔，前後各一人合力扛一桶水。本來是消火用的，水桶很大，不但不會搖晃，扛水桶的人走路時也很輕鬆，而且把水移到其他容器時，扛水桶的人不用卸下棒子，只要讓水桶傾斜即可。據說設計者是久留米第一代藩主、消防大名之一的有馬玄蕃頭（有馬豐氏[9]），後來大奧也採用這種消火用的「玄蕃桶」。

「玄蕃頭」是「玄蕃寮」長官，相當於古代中國的崇玄署、典客署，負責接待外賓。有馬豐氏自豐臣秀吉時代起，服侍過的主君包括德川家康、德川秀忠、德川家光三代將軍，消防大名制度則在德川家光時代制定的。

話說回來，汲水工作並非僅限御末負責，高級女官私自僱用的女傭也

---

8 —— 玄蕃桶：げんばおけ，Genbaoke。

9 —— 有馬豐氏：ありま とようじ，Arima Toyouji，戰國時代武將、江戶時代前期大名。1569-1642。

年末大掃除。楊洲周延畫。

要汲水，其他另有負責燒水、抬水等工作的人。

將軍在上午十點進大奧開朝會，有資格謁見的女官都會離開房間，這其間，女官私自僱用的女傭便會開始拆洗主人的貼身襯衣和睡衣，而且要在主人返回之前收好，非常忙碌。

拆洗用的漿糊在夏天夜晚做成。首先浸泡米，再一面加水一面用石臼磨，這是需要力量的單調工作，不過，其他女官的女傭也會過來幫忙，大家邊唱歌邊磨臼，倒也挺快樂。

磨成的漿糊盛入罐子，只要不時交換清水即可長期保存。使用時，先加熱再取出，然後用水溶解，將洗好的衣服浸在漿糊水裡，之後鋪在竹製的細籤子曬衣架上，衣服曬乾後便不會出現皺紋。女官專屬女傭還得負責長局各房間的用餐。

御末和女官專屬女傭的午餐時間，與將軍、御台所等人同樣，都在十二點左右，根據情況，有時是配膳室送來，有時自己做。

下午，出嫁的將軍女兒或與御台所有關的女子有可能來訪。這些女子都乘轎子過來，扛轎男工不能進大奧，這時就換御末扛轎。

負責扛轎的御末是前面五人，後面五人，總計十人。儘管如此，轎子也很沉重。也因此，御末平素都會在沒有訪客的下午進行扛轎訓練。

幕府支付給女官的「扶持米」是糙米，一人份一日三合，一合就是現代電鍋量米杯一杯，大概可以煮成兩碗飯的量。有錢的女官通常請外面的業者碾米，但手頭不怎麼寬裕的女官，就必須讓自己專屬的女傭在房間碾米。

換句話說，國家公務員的御末在練習扛轎時，私人企業的女傭很可能在房間碾米。雖說彼此的工作都同樣辛苦，薪資卻大大不同。畢竟御末可以領取「一人扶持」，自己私下僱用一名女傭，讓女傭幫自己做飯或洗衣。

在長局做飯時用的是土灶，外邊用一寸厚的木板圍起，前面貼著銅板。而且為了防火，周圍另有盛滿水的木框，外觀類似在淺水槽中擱著土灶。女傭可以在房間做飯，但禁止油炸食品。女官想吃油炸食品時，只能拜託中奧御広敷御膳部男性公務員廚師，讓他們做好再送來。

下午除了扛轎、碾米，當然還有其他許多雜事。到了六點左右，御末總算可以喘一口氣，十點就寢，忙碌的一天便如此結束。但是，御台所專屬的「御次」則要等御台所入寢後才能休息。

其他例如負責管理爐火的人，在眾女官入睡後，也不能躺下就寢，她們要巡視各處的火器，以免發生火災。

從外表看去，大奧女官生活很華麗，但支撐華麗生活的柱子，其實是這些踏踏實實從事艱苦工作的下級女官以及私人女傭。

## 女縫工的工作——

大奧有「吳服之間」[10]，也就是縫製房，編制是一名總管，十名女縫工。類似現代的服裝設計師工作室，負責選定布料並縫製。儀式用的正式禮服「十二單」[11]等盛裝，由外部公務員負責，「吳服之間」的主要工作是縫製將軍、御台所、將軍女兒的日常便服，以及上臈、御年寄等人的衣服。

將軍家的人，不但一天換四、五次衣服，而且從來不洗衣服，髒了，便發給下人，因而縫製工作特別重要。據說天璋院為了不想讓下人領到髒衣服，總是穿雙重領子。

儘管德川幕府屢次發出奢侈禁令，大奧女官在二百六十多年期間，依舊能穿得花紅柳綠，應該都多虧這群專業技術員在支撐。

有時工作時會遺失縫針。總管每天都會預先檢查當日使用的縫針，若有遺失，可以在當日就知曉到底遺失了幾根縫針。但是，要在堆積如山的布料與衣服中尋找一根縫針，恐怕比登天還難。也許縫針掉落到榻榻米縫隙，怎

---

10——呉服の間：ごふくのま，Gohuku no ma。

11——十二単：じゅうにひとえ，Jūnihitoe。日本平安時代宮廷婦女的正式禮服。

麼找呢？

最麻煩的是遺失了折斷的針尖，這時，不但要仔細搜尋房間各個角落，甚至要用篩子篩檢院子沙礫。

找到之前，所有人都不能出房間，工作當然也暫停。若有人無論如何也得出房間，總管會命人拿其他衣服來，讓當事人換了衣服後再讓對方出去。倘若無法找到，總管會遭罷免，所以總管經常掏腰包請女縫工大吃一頓，再拜託女縫工幫忙尋找遺失的縫針。

也因此，假若有女縫工對總管心懷不滿，只要藏起縫針，便能讓總管嚇得驚慌失措。實際曾發生類似案件，後來查出藏針的女縫工到底是誰，結果該女縫工被趕出大奧。

大奧女官晉升的順序，依次是「吳服之間」、「御広座敷」[12]、「御三之間」[13]。「御広座敷」是表使的下屬，負責大名女眷訪客膳食的職場，「御三之間」就是最下級女官的職場。

女縫工晉升至「吳服之間」的總管時，大抵就不能再晉升了。縫紉雖是一項專業技術，但在大奧，光會縫紉不管用。不過，女縫工有實質利益，她

12——御広座敷：おひろざしき，Ohirozashiki。
13——御三の間：おさんのま，Osan no ma。

年末大掃除。楊洲周延畫。

們可以一年領兩次碎布和殘餘絲棉，只要在「吳服之間」工作三年，通常便能獲得嫁衣及出嫁時的嫁妝布料。

## 一 女官的教養與教育 一

### 大奧女官的教養——

自昔日的平安時代起，對貴族女兒來說，和歌、書法、樂器演奏是不可或缺的基本教養。就這點來說，江戶時代的大奧與平安時代的朝廷後宮極為類似，受器重的都是才貌雙全的女子。而且，雙方都很注重文藝。

日本的武士門第文化，深受朝廷貴族文化影響。自古以來，武士門第經常與天皇或貴族締結姻戚關係，必然會受影響，也因此，武士門第的女兒與貴族門第的女兒，愛好及基本教養可以說一脈相通。

武士門第女兒的教育，主要在家庭進行，六歲起就必須學書法。庶民家女兒通常和男子一起到鎮上私塾學習，但武士是各藩藩主的部下兼軍隊，而且無論哪個藩國，都沒有讓女子上學的藩校，因此，武士門第女兒只能藉由母親或祖母，甚或有學識的侍女，學習織布、縫紉等家務技能。

其中，不問武士門第或庶民商家，對女子來說，縫紉技能最重要。換句話說，只要接受過基本教育的女子，大抵都會縫紉。這也是大奧女縫工總管無法繼續晉升的主要原因。

在大奧，和歌是必備教養。大奧經常舉行和歌賽會，日常生活中也不時詠作和歌，甚至用來當日記。上臈和御年寄更時常開講和歌課程。舉行和歌賽會時，不但有工藝品或紡織品等獎品，連沒有資格謁見將軍的女官也可以參加，平日負責打掃、扛轎的御末，就算作品不成文，也會當作餘興節目之一，於眾人面前發表。

如果將軍愛好武藝，不喜文藝，從京都朝廷嫁過來的御台所也會舉辦各種文藝會。例如第六代將軍家宣的御台所近衛熙子[14]（天英院），父親是朝廷五攝家最高地位的近衛基熙[15]，母親是後水尾天皇皇女，文藝造詣非凡，大奧女官也都努力學習和歌與古典名著。

當時，政治舞台出現了新井白石[16]，受家宣重用，進行了一連串的文治主義政治改革，史稱「正德之治」[17]。由於新井白石對朱子理學有所造

14 —— 近衛熙子：このえ ひろこ，Konoe Hiroko。1666-1741。
15 —— 近衛基熙：このえ もとひろ，Konoe Motohiro。1648-1722。
16 —— 新井白石：あらい はくせき，Arai Hakuseki。1657-1725。
17 —— 正德の治：しょうとくのち，Shyōtoku no chi。

詣，大奧也請他來開儒學講座，以御台所為首，眾女官都爭先恐後報名聽課。

## 大奧女官的教育——

庶民女子或窮旗本、窮御家人女兒，用盡各種方法鑽門路進大奧後，到底可以接受什麼樣的武士門第文化高等教育呢？

我們先來看看當時的人對女子教育的看法。

江戶時代，女子幾乎毫無社會性的獨立自由。一般說來，女子只有一條路可走，就是出嫁，在夫家服侍丈夫及公婆。

當時沒有個人自由，是完全以男系為主的門第制度，武士階級更嚴格，只限男子有資格繼承家門，幕府和各藩國的公家政務也只錄用男子，女子只能治理家務。在這種社會環境中，武士門第女子若想就職，進大奧工作是唯一出路。

大奧女官的職場是禁止男子出入的特殊工作崗位，因而女子也可以領取與男子同等的俸祿，甚至能繼承領地。德川幕府體制逐漸鞏固後，連男子也不容易晉升。但是，女子一旦進了大奧，無論憑本事或靠運氣，只要擁有一定程度的權力，整個家族都能步上榮華之途。

對德川家來說，最大的願望是維持世襲制政權，為了不讓德川家康血脈斷絕，正室和側室最重要的工作正是生下繼任將軍。因此，只要成為將軍繼承人的生母，不僅本人，連旁系血親都能騰捷飛升。

只是，想獲得將軍寵愛並為將軍生下孩子一事，很不容易。況且大奧還有三十歲過後就不能同將軍共枕的潛規則，即便是御台所，過了三十歲，也得挑選自己屬下的女官當共枕代理人。因為年輕女子比較容易懷孕，何況高齡生產的風險太大，很可能母子同時喪生。

為此，無論將軍專屬或御台所專屬，上﨟以及御年寄這類高

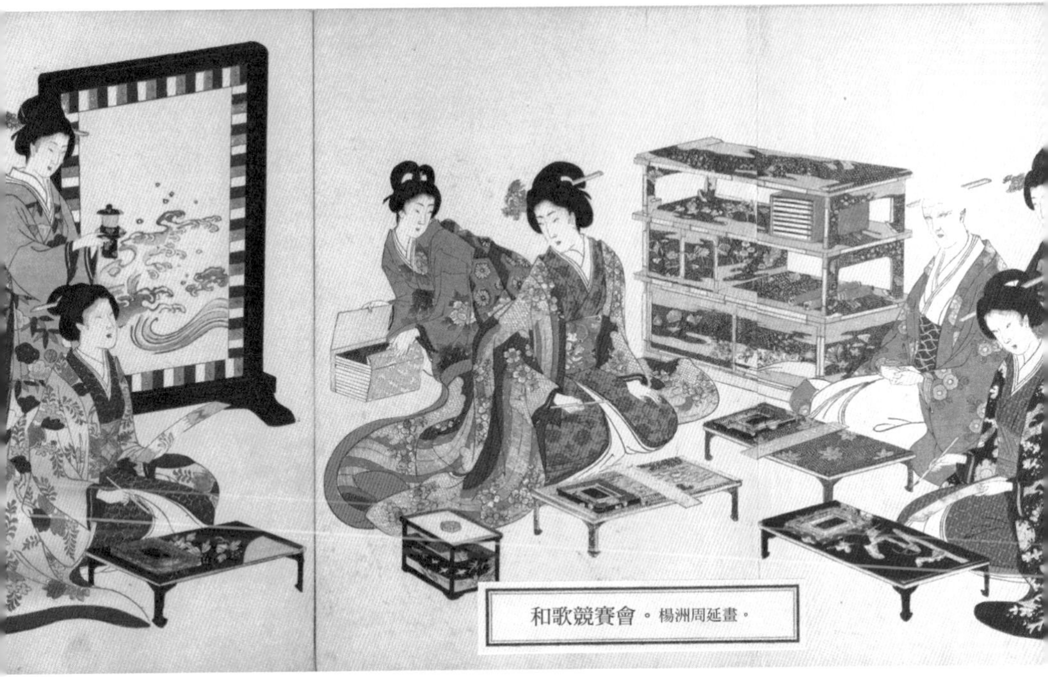

和歌競賽會。楊洲周延畫。

級大奧女官，會想盡辦法拉攏眾多將軍可能中意的女子，讓她們站在自己這方的戰線。有幸受高級女官提拔的女子，先不說姿色，畢竟將軍也有自己的口味，最重要的是該人必須具有某種出類拔萃的專長。而這些專長，正是大奧的教育課程。

大奧女官深知將軍的愛好及興趣，在大奧想出人頭地的話，不僅得熟知將軍的嗜好，還得掌握所有大奧高級女官的專長及愛好。

最基本的教養課程有三，茶道、花道、香道。

在大奧，就算古琴和三味線彈得不好，亦不擅長歌舞，也不會遭人唾棄，但茶道、花道、香道絕對是必修科。

## 茶道——

豐臣秀吉喜歡茶道，因而茶道在秀吉時代便已經廣傳於大名之間，到了德川幕府時代，茶道依舊是最有人氣的技藝之道。或許應該稱為「禮儀之道」，因為茶道有許多規矩，而且是幕府與諸大名進行外交時不可欠缺的禮儀文化。幕府記錄簿留有大量有關茶道的記載。

不僅大名，連一般武士門第也視茶道為最重要的外交文化，之後逐漸成為武士門第女子的基本教養之一。

茶道重視舉止言談和禮儀。

話說第三代將軍家光時代，大奧創始人春日局臥病不起後，大奧的實權逐漸轉移至側室阿萬（永光院）[18]手中。阿萬是京都朝廷參議六条家名門出身，不但擔任大奧女官的舉止禮法教授，也備受家光寵愛，在大奧深得人心，是公認的春日局後任。

阿萬深諳並極為重視禮法，不但要求大奧女官諸事守禮，甚至命政治舞台的官員也要守禮。至此為止，武士門第還殘留著戰國時代的粗魯作風，正是從家光時代起，武士門第才逐漸成為舉止禮法的規範。

當時，公式儀式禮法有兩種，一種是京都公卿樣式的「京風」，另一種則為關東武士樣式的「江戶風」。大名多是「江戶風」。

但自從將軍迎娶京都朝廷女子之後，不時舉行幕府、朝廷外交茶會，於是，大名也接二連三努力學習公卿樣式的茶道禮法，結果，「京風」逐漸蓋過「江戶風」。武士門第文化之所以和朝廷貴族文化相通，原因正在此。

---

18 —— 永光院：えいこういん，Eikō-in。1624-1711。

花道——

「花道」亦稱「華道」，起源是佛教的「莊嚴」，也就是裝飾、修飾，極盡裝飾之意。

江戶時代初期，文化中心仍以京都為主，後水尾天皇[19]的沙龍正是當時的文化精粹所在。天皇特別喜歡花道，當時的花道指導者是池坊華道第二代掌門人池坊專好[20]。

「池坊」之名源自聖德太子[21]的沐浴之池，亦代表代代掌管京都頂法寺[22]（六角堂）的住持。基於必須向主佛如意輪觀音供花，逐漸確立了「華道」。

寬永六年（一六二八）正月，天皇邀請池坊專好進宮舉行花會。據說，直至該年秋天，宮中總計舉行了三十三次花會。另一方，江戶城的秀忠和家光也非常喜歡池坊華道。翌年寬永七年，秀忠造訪位於櫻田的薩摩藩藩主宅邸時，茶會上的花正是池坊專好插的。

寬永十八年（一六四一），池坊受家光邀請，前往江戶，擔任家光的華道教授。之後，在江戶住了一年多，以大奧為主，輪流前往諸大

---

19——後水尾天皇：ごみずのおてんのう，Go-mizuno'o Tennō，日本第一百零八代天皇。1596-1680。

20——池坊專好：いけのぼう せんこう，Ikenobou Senkou。1575-1658。

21——聖德太子：しょうとくたいし，Shōtoku Taishi。

22——頂法寺：ちょうほうじ，Chōhō-ji。

名宅邸教授華道。

後來，隨著經濟發展，華道在庶民之間也流傳起來，市面更大量出版有關華道的書籍，於是，華道便擴展至全國各地。不過，隨著時代變遷，新型的自由插花流派興盛，逐漸取代了規則特別多的池坊華道。武士階級或庶民階級的茶會都盛行自由插花，也就是現代的日本「花道」樣式。

「花道」以江戶商家和武士門第妻女為中心，逐漸廣傳，並出現眾多獨自流派的「花道」創始人，這正是現代日本「花道」掌門人制度的起源。

茶道與花道。楊洲周延畫。

如此，「花道」成為女子出嫁前的必修課程之一。

第十一代將軍家齊時代，曾發出華麗藝道禁令。本來「花道」也被列入取締對象之一，後來「花道」和「茶道」均被當作女子藝道而受幕府認可。大奧是女子學習舉止禮法的最高學府，想進大奧工作的女子，若在事前先學好「花道」，據說相當有利。

大奧到處都有演出四季風情的花器及插花作品，即便在進大奧之前學了「花道」，進了大奧，高竿者多的是，學海無涯勤是岸，還是得上課。

**香道——**

「香道」這個詞會令人聯想起《源氏物語》世界，不過，江戶時代的「香道」與平安時代的「香道」迥然不同。《源氏物語》登場的香，是用蜂蜜揉合香粉使之凝固，再點燃，用來薰衣或薰頭髮、薰房間。調劑法各式各樣，由各家香道名門繼承者世代相傳。

江戶時代登場的「香道」，則是召人舉辦香會，點燃香木，讓在場的人享受其香味。現代的日本「香道」正是江戶時代的文化遺產。

江戶時代初期，民眾得知朝廷有天皇親自取名的所謂「敕銘香」後，「香道」變成一種遊戲，民間流行起類似下棋的聞香賽，日文稱為「盤物」[23]。當時是後水尾天皇及東福門院[24]（德川和子）的蜜月時代，宮中女官也流行起聞香賽，後來傳進江戶城大奧，眨眼間便成為大奧女官的人氣藝道之一。

「盤物」又稱「賽馬香」，就是聞出香木名後，可以移動騎馬玩偶前進的遊戲。這個「盤物」是精美工藝品，甚至成為大名女兒出嫁時的嫁妝之一。而且也出現按一定規則判別香氣的「組香」遊戲，這遊戲不簡單，需具有古典文學素養與和歌造詣。

只是，香木非常貴重且高價，參加香會的人也必須具備歌道知識等高等教養，因而不如「花道」那般流行，但人氣很高。有資格參加香會，等於妳是知識分子中之菁英的證明，想晉升為高級女官的人，當然會努力學習。

總之，大奧凝聚了各種禮法與藝道課程，只要在大奧習得一項藝道，出大奧後便能自己開私塾，收學生，賺學費，甚至成為某某流派的創始人。這對當時無法賺錢養活自己的女子來說，確實是個夢寐以求的理想國度。

此外，大奧文化也會以各種間接方式傳到民間，對江戶文化起了很大作用。

---

23 —— 盤物：ばんもの，Banmono。

24 —— 東福門院：とうふくもんいん，Touhukumon in。後水尾天皇中宮，第二代將軍德川秀忠的女兒德川和子。1607-1678。

大奧的四季

大奧整年都有各式各樣的儀式，女官也很期待四季有別的文娛活動。當然這些儀式活動的目的，不是為了討好女官，而是誇示將軍的絕對性權威，另一方面也為了維持身分制度秩序。站在現代人的立場來看，宛如每個月都有祭典，熱鬧非凡。雖然女官可能忙作一團，仍能令人想像出現場的嘻笑氛圍。

一月的主要儀式當然是元旦，亦是大奧整年所有儀式中最隆重的一環。御台所的髮型梳成平安時代貴族女子的「大垂髮」[25]，並穿上十二單衣，進行避邪儀式。之後，向將軍拜年道喜，待親屬聚齊，即舉行宴會。

初二，舉行「新春試掃」、「新春試筆」、「新春試縫」等儀式。這些都意味著一年中首次進行的工作，其實內容與平素一樣。其中，「新春試縫」比較熱鬧，「吳服之間」的女縫工會在御年寄的監管下，剪裁將軍的便服、禮服。結束後，御台所會命人送來酒餚，當作新春賀儀，讓女縫工大吃大喝一頓。夜晚，將軍和御台所進行新年第一次同衾。

初三，御三家和御三卿眾夫人會進城前來道賀，大家一起玩和歌紙牌或打

25——大垂髮：おすべらかし，Osuberakashi。

彈古琴。楊洲周延畫。

羽毛毽。初七，所有大名都必須進城，不分身分貴賤，共食「七草粥」[26]。十一日是「開鏡餅」[27]儀式，就是用木槌槌開元旦裝飾之一的「鏡餅」[28]（麻糬），佐以紅豆湯，分發給眾女官。

初春二月的「初午」是稻荷神社祭典，也就是稻荷大神坐鎮紀念日，全國的稻荷神社都會舉行大祀。江戶城內也有稻荷神社，由御年寄代御台所參拜。下午，眾女官聚集一起，觀賞舞蹈或狂言[29]等舞台表演，御台所也會隔著垂簾觀賞。結束後，御台所會親手拋撒服裝、布匹、頭飾、工藝品、點心等，讓眾女官爭搶撿拾。對眾女官來說，算是另類的新春獎金。

立春前一天為撒豆子節。

春分前後一週的「彼岸」是日本的掃墓節之一，御台所會親手製作糰子，上供德川家佛堂。所有高級女官均可以領到糰子。

三月一日至四日是「雛祭」[30]，也就是女兒節。

將軍家陳列的十二層偶人裝飾，非常豪華，大奧的將軍及御台所起居室都有裝飾。最上層的夫婦偶人，除了每年換新衣，雛祭期間也會每天更換供品。

此外，以御三家為首，御三卿、御家門[31]、諸大名會進呈各自藩國名產，例如海螺、文蛤、白甜酒、點心等，御台所會將這些獻禮或料理分發給有謁見資格的女官。夜晚，下級女官也會舉辦餘興表演節目，整個大奧都喜氣洋洋。

三月最華麗的活動是櫻花盛開期間的賞花儀式。吹上森林（吹上御苑）[32]到處都用錦緞幔帳圍起，讓女官去串門子，御台所則端坐在庭園茶室喝茶賞花。賞花時期，不但御台所會換上新衣，眾女官也會穿上新衣，在庭園各處賞花，走累了，再進幔帳和其他女官一起喝茶聊天，或吃些由御膳所送來的各式料理。賞花期間禁止樂器演奏，但女官可以自己哼唱甚至跳舞，相當熱鬧。

三月下旬另有「五十三次」活動，並列著東海道五十三驛站的模擬店，東海道特產薈萃一堂，類似現代的物產展，讓諸大名女兒來搶購。

四月最初的儀式是慶祝佛陀誕生的四月八日

---

26 —— 七草粥：ななくさがゆ，Nanakusagayu。

27 —— 鏡開き：かがみびらき，Kagamibiraki。

28 —— 鏡餅：かがみもち，Kagamimochi。

29 —— 狂言：きょうげん，Kyōgen。日本古典戲劇，多以詼諧手法描繪人性，是一種穿插在能劇之間的喜劇，與能劇同時發展，有各種流派。狂言、能劇、歌舞伎劇、人形琉璃劇，是日本四大古典戲劇。目前日本最著名的狂言師應該是野村萬齋。

30 —— 雛祭り：ひなまつり，Hinamatsuri。

31 —— 御家門：ごかもん，Gokamon。德川將軍家家族及德川家康的兄弟後裔之大名家、旗本家。這些名門多數不能擔任幕府職位，即便就任，也流於形式。

32 —— 吹上御苑：ふきあげぎょえん，Fukiage Gyoen，當今皇居森林，每年五月會開放給一般民眾參觀。

「灌佛會」[33]。這天，御用商人妻女會進大奧擺攤位，猶如現代的自由市場或跳蚤市場，讓女官邊逛邊採購白粉、胭脂、頭飾、布匹，以及當時在江戶市街流行的彩色浮世繪等。五月最初的活動則為端午節。御三家和御三卿、御家門會進獻粽子，高級女官也都能領取「柏餅」[34]。

六月一日，加賀前田家會進獻冰塊。

當時沒有冷凍技術，因此寒冷地帶的藩國，於冬天會將天然冰塊保存在地下室或草房。由於冰塊產地有限，夏季的冰塊算是貴重品，每年都由加賀藩負責送到江戶城。只是，長期保存在地下室的冰塊，通常摻雜著泥土和塵埃，儘管前田家小心翼翼從金澤城運到江戶城，也不能說很乾淨。御台所通常不吃這些冰塊，全分發給女官。

六月十六日是「嘉祥」儀式，也就是第一代將軍德川家康的慶祝會。

到底慶祝什麼呢？

據說，德川家康於天正元年（一五七三）的「三方原之戰」[35]，和武田信玄[36]對打。當時，德川家康敗得很慘，據說在馬匹上嚇得失禁脫糞，所幸，武田信玄沒有繼續攻打德川家康的濱松城，令家康避過大

---

33 —— 灌仏会：かんぶつえ，Kambutsue。

34 —— 柏餅：かしわもち，Kashiwamochi。端午節的甜點。

35 —— 三方ヶ原の戦い：みかたがはらのたたかい，Mikatagahara no Tatakai。

36 —— 武田信玄：たけだ しんげん，Takeda Shingen，戰國時代大名。1521-1573。

女兒節的雛偶人。楊洲周延畫。

難。武田信玄的目的是「上洛」（帶兵進京都），途經德川家康的居城，而家康是織田信長的同盟，必須出來迎戰。武田軍最終取得勝利，但武田信玄在回歸領地途中病歿。

德川幕府於這天舉行「嘉祥」儀式，正是慶祝德川家康劫後餘生，大難不死，並於日後設立了幕府。

這一天，有資格晉謁將軍的大名、武士，都聚集在江戶城領取七種糕點，日後改為八種。糕點也分發給大奧女官，一般庶民也會買糕點回家慶祝。

不過，某些史家主張，「嘉祥」儀式在戰國時代之前即存在，本為公卿貴族的儀式，後來傳進武士門第，最後成為德川幕府的慣例儀式。我想，史家的主張比較正確，因為日期不對呀，「三方原之戰」不是六月，而是十二月。總之，就是大家吃甜點的日子，亦即現代的「和菓子之日」。

炎炎夏日即將結束的七月是七夕節，御台所御殿面向庭院的走廊，會擱著一面七尺（約二・一公尺）見方的木台，盛著堆積如山的瓜子、西瓜、桃子、糕點等，四角落有四根豎起的竹葉，四周圍上避邪的稻草繩。

這天，可以說是高級女官的和歌競賽日。當天，眾人都要作與七夕有關的和歌，交給御年寄，再於御台所面前發表，最後將寫上和歌的詩箋掛在竹葉上。也因此，高級女官於前一天傍晚就會躲在房內苦思冥想，畢竟來自京都的御台所對這方面造詣很高，女官不能出醜。

七夕節本來就是祈願節日，大奧也就沒有任何樂曲餘興節目，大家安安靜靜作詩歌或在詩箋寫上願望，向竹葉或月亮合掌。

第二天早晨，女官會收拾擺設和供品，竹葉和稻草繩用草蓆包起，交給值班的御広敷助手，讓他們乘小船運送到品川台場，扔進大海。可以吃的供品則讓御広敷助手帶回家。

七月十日是「四萬六千日」[37]，別稱「功德日」。據說在這天參拜神佛，可以積得四萬六千日份的功德，大奧會在消防值班休息室祭祀觀世音菩薩，走廊也會擺攤子。

七月十三日至十五日是盂蘭盆節。這三天期間，將軍和御台所除了祭拜德川家代代祖先，也會命人前往上野寬永寺和芝公園增上寺代替參拜。對大奧女官來說，這是一年中少有的外出機會，其他女官都會拜託代替參拜的女官帶回各種伴手禮。反正大奧女官出城時，通常排場很大，前呼後擁，就算伴手禮再多，讓轎子抬回即可。

---

37 —— 四万六千日：しまんろくせんにち，Shimanrokusennichi。

八月一日是慶祝德川家康遷至關東的「八朔祝」[38]。對武家門第來說，這一天比人日（七草粥）、上巳（女兒節）、端午、七夕、重陽的五大節日更重要。德川將軍直系的御三家都會進獻魚類，尾張送來香魚，紀州送來鯛魚，水戶送來鰹魚。所有大名、旗本都會穿上繡有家徽的白色麻衣禮服進城祝賀，一般武士門第則前往寬永寺和增上寺參拜，熱鬧非凡。大奧眾女官當然也要穿白色麻衣祝賀，夜晚有各種樂曲節目的盛宴。白色麻衣表示嚴謹心意，意思是，往後會更加一心一意為幕府（德川家）盡忠。

八月十五是賞月中秋節。這天早晨，御台所會帶領眾女官進行大野芋拔根

38 —— 八朔：はっさく，Hassaku。

七夕。楊洲周延畫。

活動。大野芋是三、四天前經女官安排而種，御台所只要輕輕一拉，即能連根拔起，眾女官再極力稱讚「有力、有力」，儀式便結束。

大野芋的塊根不能食用，可食用的是莖部。讓御膳所處理後，拌上白芝麻、毛豆等，做成涼拌菜，再分發給眾女官。

之後，眾女官在房內擺設方木盤，裝飾糰子、毛豆、栗子、柿子、芋頭等。下午四點左右，御殿會舉行和歌競賽。由御年寄出題，眾女官各自創作和歌，優秀者可以領獎品。接下來就是賞月了。御台所或在走廊，或在庭院賞月，眾女官也在各自的房內喝茶、聊天、賞月。

九月十五是通稱「天下祭」的神田神社祭典。這天，江戶市內街道有許多花車遊行活動，而且可以進江戶城遊行，將軍和御台所也會在吹上森林（吹上御苑）設席觀賞。

寒冬跫音逐漸挨近的十月，最初的儀式是一日的「荒神祓」[39]。「荒神」也就是灶神，「荒神祓」不是祓除，而是讓灶神安靜。同時也進行開地爐儀式，由御台所主持茶會。

十一月十五日是「七五三」[40]兒童節，與現代一樣。將軍若有孩子，當然會舉行慶祝會，若無兒女，諸大名也會送來贈品。據說，「七五三」兒童節起源於第五代將軍綱吉時代，本來只是關東地區的地方風俗，後來廣傳全國各地。現代日本小孩於「七五三」兒童節買的糖果「千歲飴」[41]，也是自綱吉時代承襲至今。

進入十二月，一至十二日是大奧大掃除期間。最後一天舉行掃除結束儀式，眾女官可以領到紡織品和酒菜。此外，江戶城內也會更換榻榻米，百人以上的榻榻米工匠會聚集在御広敷，進大奧更換榻榻米時，則由御広敷官員陪伴，再讓大奧表使女官引路。

年底十二月二十八日，將軍與御三卿，御台所與御三卿女兒之間，會互送歲末禮品。翌日二十九日，御台所更會犒賞衣服給眾女官，高級女官可以領到高級禮服，下級女官也可以領到便服，其中有不少御台所一次也沒穿過的服裝。

一年最後一天的除夕，高級女官全體須向將軍和御台所致賀詞。眾女官都忙著過年準備，沒有節目，各自在房內安靜聆聽除夕鐘聲，喝了吉祥茶後便就寢。大奧的一年就如此結束……

喔，不，除夕另有大奧特殊餘興節目，連將軍都不能參與，是僅限御台所和女官進行的瘋狂地下節目。

39 —— 荒神祓い：こうじんばらい，Kōjinbarai。

40 —— 七五三：しちごさん，Shichigosan。三歲男女童、五歲男童、七歲女童的節日，一般家庭父母會帶著孩子前往神社參拜，祈祝孩子能健康成長。

41 —— 千歲飴：ちとせあめ，Chitoseame。

## —東海道五十三驛站的御庭—

平日安安靜靜的大奧，有時也會舉行熱鬧度不亞於民間祭典的活動。其中之一便是「五十三驛站」儀式。每年三月下旬至六月下旬期間，諸大名女兒會依次進城，向將軍及御台所表達新年問候。此時，大奧御庭會裝飾成東海道五十三驛站，出現全國各藩的特產模擬店攤位。

每個驛站距離約二十七公尺，不但有小田原的名產糕點、箱根湯本的著名工藝品，也有盆栽、金魚、小鳥等攤位。商品都是各藩國於四季進獻的應時當地特產。除此以外，大奧女官還會吩咐御広敷男性官員向御用商人訂購各地名產，擺在攤位。事前負責裝飾攤位的人是御広敷男傭。

每個驛站攤位都擱置著金屬製火盆，還有帳房格子，看上去和江戶市街的商店一模一樣，只是，帳房格子內沒有收費員，當然也沒有招呼客人的店員。

打扮得漂漂亮亮的諸大名公主，在大奧女官「御客會釋」的嚮導下，越過箱根險峻山道，穿過可以望見富士山的林道，俯望仙女下凡故事「羽衣傳說」的三保之松原，緩步徐

七夕 • 楊洲周延畫 •

賞櫻花。楊洲周延畫。
明治廿七年 月 日印刷
仝 年 月 日発行
発行者 福田熊次郎

行地前進。

途中，有時會在驛站攤位前止步，品評各藩國的特產，倘若中意，就讓侍女代捧。驛站攤位雖然沒有店員，但商品都有定價，事後再結帳。平日無法隨意出門購物的大名公主，大多會興高采烈地享受這種邊逛街邊購物的體驗。走累的話，可以在茶館休息。

公主買下的物品，都由負責文書記錄的「御右筆」記下，事後向御広敷官員報告，陪公主購物的侍女再付錢給御広敷官員。御広敷官員核對進貨帳簿後，再付款給御用商人，賣不出去的東西全部退貨。

驛站攤位的物品都是高價貨，不過，由於大名公主不知該如何要價還價，更不知商品的一般市價，通常聽從「御客會釋」的推薦，買東買西。這也難怪，大名公主身分的女子，大概一年只有一次可以如此自由購物。也因此，每年的「五十三驛站」活動，據說都有二千兩以上的銷售額。

每位大名公主進城表達新年問候時，一定會順便逛逛「五十三驛站」攤位，因而開銷相當大。例如加賀藩江戶宅邸的溶姬[42]，每次都會按等級分發伴手禮給大奧女官，光是這些伴手禮就得花掉一千多兩。反正加賀藩有錢，應該無所

---

42── 溶姬：やすひめ，ようひめ，Yasuhime，Yōhime。第十二代將軍家慶的異母妹，第十三代加賀藩藩主正房。1813-1863。

謂，可是，某些窮大名則為了此活動，每年都得四處籌措銀兩給女兒撐場面。

## ◎「灌佛會」的擺攤祭日

四月八日的「灌佛會」也會擺攤位，這活動和「五十三驛站」不同，逛街購物人是大奧女官。

「灌佛會」是慶祝佛陀誕生的花節儀式，大奧長局四之側的走廊東邊，會設置三尺見方的花佛堂，安放釋迦牟尼像，讓女官進行祭祀。

以御年寄、御中臈為首，所有女官都要來拜佛，喝了甜茶後，再上供香火錢。低級女官也會上供一枚小粒銀幣，這些香火錢大約有三十兩以上，事後再分發給御広敷男傭。

擺攤位的人是御用商人妻女。她們本來就可以進出大奧，有時會在大奧過夜，進行買賣。四月八日當天，這些妻女會特地打扮得比平日更端莊，在長局三之側、四之側走廊擺攤位。大約有三十多個攤位，上午十點開始做生意。

商品林林總總，布料、襯領、小方綢巾、包袱、白粉、胭脂、髮油、梳子、髮髻細繩等，應有盡有。也有附插圖的通俗小說、彩色浮世繪、演員浮世繪等。

一旁羅列著各式各樣的人造花。譬如，用玻璃製成燕子花，再用彩色紙做成葉子，裝飾成盆栽。或者將攤位設成階梯形，上面擺著貼畫工藝、竹器工藝、金平糖、煎餅、蠶豆等。

走廊兩側排列著類似的攤位，御用商人妻女蹲在一旁等待顧客。

顧客當然是大奧女官，這些女官可不像大名公主那般無知，她們懂得挑肥揀瘦、討價還價，熱鬧得如菜市場。攤位賣主則因為平日經常到大奧做生意，這天相當於一年一次的大減價，即便

「灌佛會」擺攤祭日。楊洲周延畫。

虧損，也會眉飛色舞地和女官們談天說笑。

夜晚的鶯啼燕語更熱鬧，吵得御広敷值班官員或擔任警衛的伊賀忍者，必須提著燈籠來巡視。

大奧女官無法出城到江戶市街逛夜市，這天算是大奧的廟會吧。

## 一男性費洛蒙迸裂的「開鏡餅」儀式一

俗話說，太陽底下無鮮事，但是，太陽底下一定都有特例。一般認為，除了將軍，任何男性均不能進大奧，不過，元旦的「開鏡餅」儀式與二月立春前一天的「撒豆節」是例外。

我們先來看看元旦的「開鏡餅」儀式。

大奧每年都有各式各樣的定例儀式，其中，正月頭三天，慶典特別多，眾女官日以繼夜忙得不可開交。由於是新年，女官都濃妝豔服，在大走廊交相奔走。初七時，才算告一段落，「開鏡餅」儀式正是在這天舉行。

當天，御三家和諸大名會進獻紅白大圓形年糕，這些年糕多達一百個以上，並列在御広敷玄關前。然後，一個個盛在六尺見方的木盤上，再裝飾交讓木葉子、橙子、平海帶、獻神用的幣帛吊繩等。

裝飾結束後，再將年糕台裝載於九尺長、六尺寬的大橇上。前方乘坐負責吹笛、打鼓、彈三味線的伴奏樂隊，後方乘坐打扮成日本武尊[43]、牛若丸[44]、天狗[45]等舞蹈者。大橇於正午出發，進大奧巡遊各個房間。

這種工作，即便平日勤練抬轎的下級女官也做不來。因此，只能仰賴男性來進行。

拉曳年糕大橇的人是御広敷下級男傭，身分雖低，但個個都是年輕力壯的男子。他們全體腰繫藏青色圍裙，下半身是藏青色緊身褲，上半身披著同樣花色的褂子，打扮與江戶市街祭典的抬轎男子一模一樣。

對大奧女官來說，一年僅一次可以接觸到生龍活虎的異性，不尖叫才怪。

這些男子一面吆喝，一面拉曳大橇，從御錠口進大奧。大奧女官平日搬運沉重東西時，也是用小板橇，所以年糕大橇進大奧時，不會令女官有違和感。

大橇後方的日本武尊、牛若丸、天狗等，配合前方的樂隊音樂，以

43 —— 日本武尊：やまとたけるのみこと，Yamato Takeru No Mikoto，日本神話人物。72-113。

44 —— 牛若丸：うしわかまる，Ushiwakamaru，源義經，みなもと の よしつね，Minamoto no Yoshitsune，平安時代末期武士。1159-1189。

45 —— 天狗：てんぐ，Tengu，日本傳說中的生物，民間信仰認為是妖怪。

及拉曳壯工的吆喝聲，有的揮頭、有的搖扇、有的擺動幣帛……前歌後舞，非常壯觀。假若進獻的年糕有一百個，大橇便有一百台。換句話說，這天進大奧的年輕男子至少有三百名以上。老實說，光是想像，連我都想瘋狂尖叫。

列隊就像神田祭的花車在榻榻米走廊高歌猛進那般，聲勢浩大，令整棟建築物搖搖晃晃。由於事前已決定好行進路線，沿途的諸房間，不但拆除所有紙拉門和隔扇，榻榻米也鋪著毛氈，並豎起貼金圍屏，當作高級女官的臨時看台。高級女官的座席也有等級，她們換穿自己認為最豪華的衣服，各自就位，翹首引領等待列隊出現。

按規定，下級女官不能參觀，不過，沒關係，無論任何時代，總是「上有政策，下有對策」。她們早已於事前在各處找到門縫，甚至在紙窗開洞，挨擠一起，照看無誤。御台所也不能正式觀看，通常躲在某個庫房偷看。

列隊抵達時，每一台大橇會在各個房間前止步，敲擊梆子，再表演舞蹈或滑稽鬧劇，讓女官看得入迷，甚或捧腹大笑。高級女官於事前都會準備好紅包，賞給每一台大橇的表演人。最後，列隊再經由御広敷出大奧。

據說，每年這一天，整個大奧鑼鼓喧天、歡聲雷動，吵得幕府於日後只得規定必須在零時之前結束。由此也可想見「開鏡餅」儀式的熱鬧景觀。

千代田の大奥
鏡餅曳

「開鏡餅」儀式。楊洲周延畫。

## 慘兮兮的撒豆子男性官員

接著是二月的「撒豆節」驅邪儀式。

撒豆驅邪的儀式，始自文武天皇[46]的在位期間，當初稱為「追儺」[47]，本為在除夕進行的宮中儀式。不知何時開始，變成在立春前一天進行的民俗節日，由每家戶主負責在各個房間撒豆，驅逐疫鬼。

在大奧，撒豆也是不可欠缺的重要儀式之一，負責撒豆的人是幕府最高官職的老中。老中必須捧著盛著福豆（炒豆）的木盤，進大奧的御広敷，在各個房間撒豆。

此儀式本來很嚴肅，但不知從哪一代將軍開始，撒豆儀式竟演變為大奧女官的惡作劇儀式。有人跟在老中身後戳屁股，有人故意踩踏老中的褲裙腳，讓老中連連摔跤。後來，代代老中實在受不了，終於命大奧「留守居」[48]負責。

大奧「留守居」通常自俸祿五千石的高級旗本中選任，平日負責管理大奧及大奧通行證，將軍不在時，亦負責看守江戶城，在政治舞台的職位

46 —— 文武天皇：もんむてんのう，Monmu Tenno，第四十二代天皇，在位期間697-707。

47 —— 追儺：ついな，Tsuina，驅逐疫鬼的習俗，起源於中國，後以陰陽道之行事傳入日本。

48 —— 留守居：るすい，Rusui。定員四至八名。

是將軍傳話人。職權範圍很廣，權力亦很大，實際待遇相當於一萬石階級的大名。

撒豆人從老中換為「留守居」後，大奧女官的惡作劇益發不可收拾。

首先，「留守居」左手捧著堆滿福豆的木盤，穿過大奧入口。他們身上穿著正式禮服，褲裙裙襬很長，大概每走一步都要拉曳一下裙襬。之後，跟在大奧女官表使身後，進入御広敷，再進入更裡邊的大客廳。

御年寄和約三十名女官已在大客廳等候，接著立即進行撒豆儀式。「留守居」大聲喊著「福神進來，鬼神出去」咒文，依次在御広敷各個房間撒豆。

儀式結束時，負責開關御広敷御錠口的女官會哇的圍攏過來，用被褥一層層裹住「留守居」，再唱著撒豆祝賀歌，一次又一次將「留守居」拋向上空。

一般說來，祝賀歌唱完後，應該好好接住被拋向上空的人，但是，這些女官在唱完最後一句時，有時就那樣任憑「留守居」落在榻榻米。即便身上裹著被褥，即便地面是榻榻米，五十多歲的男人遭如此折騰，第二天往往會爬不起來，只能請病假。

倘若可以選擇，我想，比起裹著被褥自半空降落，「留守居」應該寧願被多戳幾次屁股，或多摔跤幾次吧。此外，倘若撒豆的「留守居」是個富有魅力的中年男人，所受的惡作劇程度及性質大概也不同。

總之，「留守居」的撤豆工作範圍僅限御広敷，將軍和御台所的房間則由中年寄負責撤豆。

當天夜晚，將軍的祝賀食案上，會出現烤野鴨和大鷺鷥清湯，再增添一個盛著比年齡多一個數量的炒豆的盤子。

## 一「獻殘屋」的存在意義一

江戶時代的舊衣店市場規模非常大，從大商店至行商小販，經營規模各式各樣。光是江戶市街，就大約有三千家。也就是說，一般庶民通常沒錢買新衣，只能穿二手貨。

此外，江戶時代的武士門第社會，經常彼此贈送禮品，禮品市場規模也很大。這些禮品多是進獻品或拜領品，未必都是新貨。換句話說，用收到的禮品當作贈品或賣掉，再次於市場流通。

江戶城周邊有許多「獻殘屋」[49]，亦即專門買賣殘餘進獻品的商店。店家廉價收購江戶城或武士門第剩餘的贈品，再當作贈品銷售，也就是現代的二手貨

49——献残屋：けんざんや，Kenzanya。

撒豆子男性官員。楊洲周延畫。

店或資源回收再利用店。除了乾鮑魚片、海帶等海產物，以及鹽醃鳥肉等食品，另有絲柏台、折疊櫃等贈品包裝道具。

而大奧女官的衣服或衣櫥等用品，因為都是高檔貨，這些物品，有時會當作廢品賣掉。販賣對象是女官僱用的女傭，或在大名宅邸服侍的女子。說是廢品，其實許多都是沒用過的新貨，而且，賣價非常便宜。對江戶庶民來說，大奧的「廢品」是求之不得的搶手貨。

不過，大奧的廢品不會賣給市街的「獻残屋」或舊衣店、二手貨店等，只有在大奧工作的女官或女傭，以及和大奧有關係的人才有資格撈取這種油水。售款有時編入大奧經費，有時成為大奧女官的個人收入。

即便不是在大奧工作，而是在與大奧有關的官方別墅當女傭，也有資格以廉價買到近乎新品的大奧廢品。之後再託人將貨品送到娘家，讓娘家轉售給舊衣店或「獻残屋」，從中獲得利益。據說有不少窮御家人或窮旗本，都靠這種方式賺取外快。

## 一除夕的瘋狂裸舞地下節目一

大奧每年都會錄用擔任各種雜事的「御末」，也就是最底層的雜役女官，類似現代機關學校的工友。只是，即便是工友，畢竟也是國家公務員，錄用條件非常嚴格。庶民身分的商家或農家女兒壓根兒沒資格報考，武士門第也只限將軍直屬家臣的旗本與御家人。不過，前面也說過，只要認個旗本養父，再鑽門路報考即可。

當事人若長得漂亮，養父養母可能也會期盼藉此機會與將軍結緣。就算當事人無法在大奧出人頭地，或只工作一年，將軍即去世，不得不辭職出城，照樣可以鍍上一層金，領一大筆退休金，一輩子吃穿不窮，衣食無缺。

每年能突破難關的女子大約十名。

按慣例，「迎新會」都在除夕舉行，這些新人必須在舞台表演裸舞。全體只在腰部圍著一條薑黃、桃紅或白色貼身裙，在眾女官面前跳裸舞。

當天，眾女官提早用過晚飯，三三五五聚集在會場的御膳所。舞台設在御膳所東方的上層木板房，事前已經命男傭鋪上榻榻米，而且為了防止外人偷看，四周都圍上白帷幔。

通常還未到開演時刻，會場便已經擠滿了人。最後出現的是平素不假辭色的大奧總管御年寄，她們的指定席是舞台正面。

那麼，御台所會不會來觀賞呢？

御台所連「開鏡餅」儀式都在偷看了，這種地下節目當然不會放過。只是，下級女官不能謁見御台所，因而御台所的指定席設在南方上層的房間，房間設有窺視窗，御台所和貼身侍女都躲在房內等待。

諸大名和其他男性官員當然不准入場。將軍呢？也不准入場。

開演時刻一到，舞台一隅首先出現二十多名御末老手，各個手持水壺和水桶，一面敲打一面唱迎新舞歌。接著，舞台另一隅再依次跳出精神飽滿的御末新手。

新手全身赤裸，只在腰部裹著一條貼身裙，胸部有大有小，腰圍有胖有瘦……女人的身材真是十個人十個樣。而且每名新手的頭髮都梳成同樣髮型，有的在臉頰裹上布巾，有的戴上笊籬，也有人用座墊塞進貼身裙，打扮成孕婦，各異其趣地表演搞笑角色。光是打扮，便會引起哄堂大笑。

不過，這只是開場戲，接下來才是正式表演。新人組成一列隊形，來到舞台上盛著各種小道具的方木盤前，帶頭的人先取起祭神驅邪幡，其他人再依次挑選擂槌、水舀子、勺子等，扛在肩上，一面跳著「住吉踊」[50]，一面下台，之後在觀眾席中央的大地爐轉三圈。

如此跳著跳著，新人便會逐漸失去害臊，臉皮厚了起來，盡其所能地大

---

50——住吉踊：すみよしおどり，Sumiyoshi Odori，日本民俗藝能之一，流傳於大阪住吉區住吉神社的一種舞蹈。

跳特跳。此時，觀眾席後方又會出現一批老手，各個彈著三味線，唱著滑稽歌。

配合著滑稽歌節奏，裝扮成老鼠模樣的老手會在觀眾席之間到處亂跑，接著再出現一名腰上圍著一條拖地兜襠布、雙手捧著大盅子的裸體女人，在老鼠後面追趕。也有人扮演成黃鼠狼讓新人追。

最後，無論老手或新手，所有御末都在舞台上各自表演一項餘興，直至除夕鐘聲響起，裸舞地下節目才收場。全體換回原來的服裝，一起喝除夕福茶，再回到各自的房間就寢。大奧的一年便如此結束。

據說，這場迎新會本來是大奧年末文藝表演會，但過去曾發現身上有刺青的新人，引起一場騷動。之後，又由於大奧女官不能強迫未出嫁的新人脫光衣服，接受體檢，才用這種裸舞節目代替體檢。

有些電影和電視劇，會出現將軍為了排遣無聊，讓年輕侍女表演裸舞或裸體相撲、裸體拔河等劇情。不過，這些劇情都是為了吸引觀眾或提高收視率而加入的虛構情節，實際上，幕府根本不准將軍玩這類遊戲。

一般說來，地位愈高的人，愈不能亂來，規矩特別多的呀。

## 大奧女官最愛的寵物——貓主子

大奧一年中的慣例儀式以及各種文藝活動，有些是純粹的娛樂活動，有些則看似在發洩鬱憤。這也難怪，在廣闊的大奧鳥籠中，左右前後都是女人，而且原則上是終生僱用制度，即便是武士門第出身的女子，若缺乏破釜沉舟的決心，恐怕也做不來。

對她們來說，人生的意義正是在大奧不停晉升，只要能晉升，權力和榮華富貴自會隨之而來。也因此，女官彼此都是競爭對手，精神壓力當然很大。

可以讓這些經年累月處於緊張狀態的女官獲得療癒的寵物，是貓主子。

養貓是大奧御年寄、中年寄等高級女官的傳統風習。如果該貓懷孕，還未生下小貓，眾女官便會爭先恐後去預約領養小貓。

當然並非每個女官都是貓奴，其中也有討厭貓的人。但是，妳若不去預約，或許會被列入不讓晉升的黑名單中，妳敢不去預約嗎？

小貓出生後，待小貓斷奶，飼主才會送貓給預約者。此時，除了小貓，飼主還會贈予柴魚、飯器、三件小貓背心、一筐子鮮魚給領養者。這些東西算是小貓的配送，飼主還要送絲綢織布給領養者的女傭。畢竟平日負責照料小貓的人是女傭。

養貓並非女官的專利。

據說，第十三代將軍家定討厭狗，但御台所篤姬（天璋院）[51]喜歡狗（日本狆）。篤姬為了討好將軍，不得不放棄養狗，轉而以貓代替狗。可是，篤姬是瞞著將軍偷偷養貓，每次將軍進大奧時，眾女官都要忙著藏貓。

篤姬最初養的貓，沒多久便死了，所幸御台所專屬的御中臈也是貓奴。御中臈的愛貓於日後生下小貓，將其中一隻進獻給篤姬。那隻貓，名為「Sato姬」，看名字就知道是女生，脖子繫著一條紅絲綢帶子，每個月換一次，並掛著一個銀製鈴鐺，由三名女官專門負責照料。

平素，「Sato姬」都和篤姬一起吃飯。也就是說，篤姬的食案被送來時，貓公主的小餐桌也一起送來。貓餐桌是黑色漆器，上面擱著鮑貝形狀的陶瓷餐具。篤姬吃什麼，貓公主就吃什麼。

每逢祖先忌日等齋戒日，御台所的食案上沒有魚肉類時，御膳部必須另外準備泥鰍或柴魚片給貓公主。「Sato姬」的年間飲食費用是二十五兩，光是飲食費用，就勝過御家人或旗本。

既然有「Sato姬」的年間飲食費用記錄，想必御広敷男性官員都知道貓

51——天璋院、篤姬：てんしょういん，Tenshōin，あつひめ，Atsuhime。1836-1883。

公主的存在。這麼說來，唯獨幕府官員和將軍被蒙在鼓裡？

此外，這位貓公主睡覺時，不喜歡在榻榻米睡，她喜歡躺在篤姬的裙襬，或自己專用的貓床上。貓床是竹籠，裡面鋪著特製縐綢被褥和蓋被。大奧御殿發生火災時，「Sato姬」也被裝進竹籠一起避難。看來，篤姬很溺愛這隻貓公主。

然而，貓公主每逢發情期都會離家出走。不僅逃離御殿，甚至從庭園逃到大奧外面。這時，大奧女官只能拜託御広敷男性官員四處找貓，而御広敷男性官員也會兩三人組成一組，雙手圍住嘴巴，低聲呼喚「Sato姬」、「Sato姬」，彎腰駝背地四處尋找。女官見狀，總會捧腹大笑說：「這種找法，就算Sato姬在附近，也會再度逃走。」

貓公主有時會跑到其他女官或下級女官的房間串門子，只要有人說「錯了」、「錯了」，貓公主便會乖乖回御殿。

有時，篤姬的貼身女官在吃著篤姬撤下的飯菜時，貓公主會跑來湊熱鬧。女官用紙裹

大奧的寵物之一。楊洲周延畫。

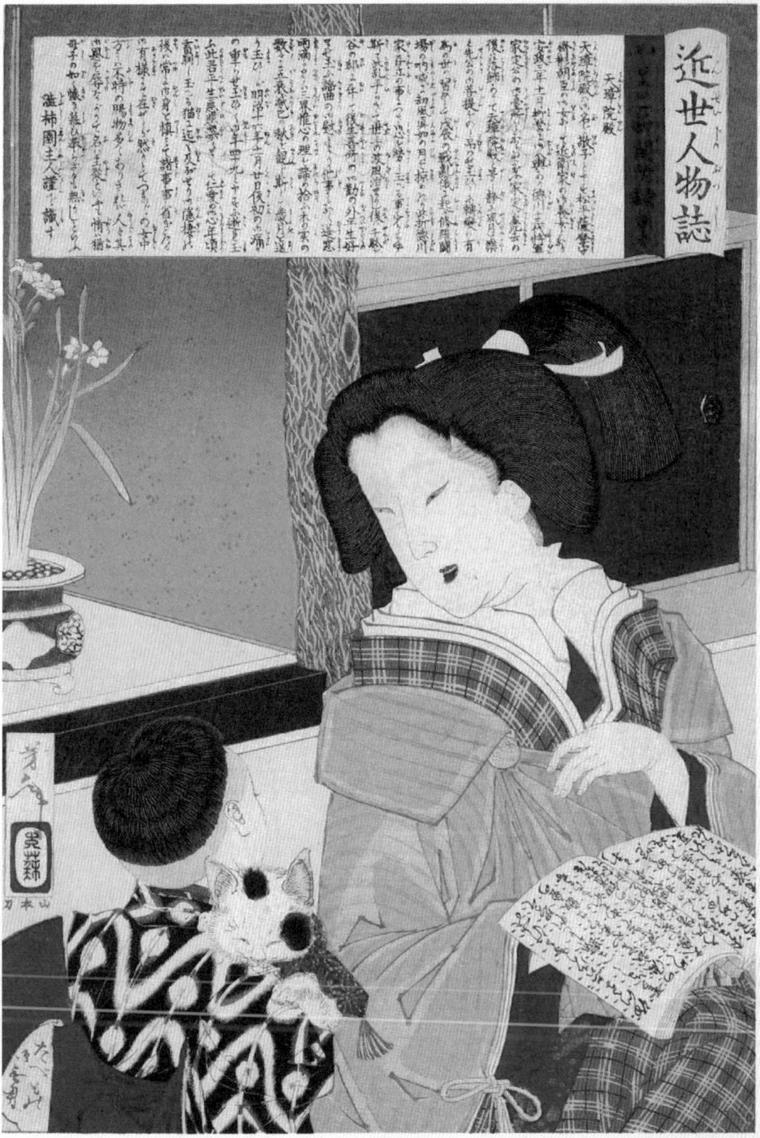


天璋院與「Sato」姬。月岡芳年畫。

著魚肉類給貓公主後，貓公主會叼著紙包回到自己的餐桌，再慢慢吃。

御台所養的貓真不是蓋的，不但聽話，而且舉止嫻雅。至於在發情期老是離家出走的毛病，咱們就包涵一下，原諒她吧。

「Sato姬」每年生下五、六隻小貓，篤姬也每次都將小貓分發給大奧女官。據說，「Sato姬」活了十六年。

篤姬和丈夫家定的婚姻生活僅維持了一年又九個月，家定過世後，篤姬更親身經歷了幕府的垮台過程。在幕末這段時期，篤姬肯定既孤獨且不安，就這點來說，天生一副與世無爭的神態，表情慵懶淡定的「Sato姬」的存在意義應該非常大，是篤姬的療癒良藥吧。

## ——大奧女官與占卜——

現代許多日本人平素對宗教問題漠不關心，待家人過世，打算在寺院舉行喪禮時，才首次明白自家到底屬於什麼宗派。雖然平成時代的日本人，逐漸理解不一定非得將墳墓設在佛教寺院，甚至興起一股「零死」、「零葬」、「零墓」的風氣，亦即死後不舉行喪禮、不留骨灰、不要墳地，讓一切都歸於「0」的喪葬方式。

但是，大多數人仍習慣在寺院舉行喪禮，並將墳墓設在寺院，每年定期付錢給寺院。此風俗人情，正是江戶時代的「檀家制度」[52]痕跡。

所謂「檀家」，意味「檀越之家」，也就是施主。江戶時代，幕府規定家家戶戶必定歸屬某寺院，目的在排除基督教。也因此，對江戶人來說，佛教與日常生活密不可分。

大奧女官也很盛行佛教信仰。尤其第十一代將軍家齊時代，眾女官極為崇仰法華宗。因為受家齊寵愛的側室美代，是法華宗行者的女兒。美代的父親仰仗女兒是將軍寵愛的側室，在大奧積極傳教，擴展信徒。結果，連將軍夫妻都成為迷信的俘虜。

大奧女官有事沒事都會找隱士行者掐訣念咒施法術。

她們對隱士所懷的形象，是「坐在深山幽谷的洞穴修煉，拒食五穀，撿拾堅果或熬煉松脂當主食，不時鍛鍊法身，通曉法術，是尊貴的人」。

大奧女官非常崇拜這類隱士，皈依者很多，經常不惜花費大筆香錢請隱士施法術。當時，江戶市街流行各種咒術，除了戀愛婚姻、發財問題等，也有詛咒對方橫死的咒術。

---

52——檀家制度：だんかせいど，Dankaseido。

到底詛咒什麼人橫死呢？

例如有人想排除正房，讓外面的小妾進來當正房，這時，他們就會去找隱士掐訣念咒，咒死正房。由於這種錢很好賺，江戶市街的缺德和尚多不勝數。倘若光用咒術便可以輕易殺人，世界將不會再發生戰爭，無奈，冤大頭前仆後繼，受騙者源源不絕。

掐訣念咒法術在文化、文政年間（一八〇四～一八三〇）極為盛行，到了天保八年（一八三七），德川家慶就任第十二代將軍，幕府閣員的「寺社奉行」[53]更迭，掐訣念咒法術成為取締對象，大奧也被禁止隨意下令進行法術。至此為止，法術在大奧算是家常便飯。

例如，某個夜晚，有人在御殿庭園聽到狐狸叫聲，次日，御台所即會下令，命增上寺和上野寬永寺進行念咒法術，祈禱天下泰平、國家平安。這種事司空見慣。

至於祈禱費行情，御台所下令的話，是金子一枚（七兩二分），大奧女官則為三兩金子。而且大奧女官每天早晨都會念誦如意輪觀音的心咒，她們深信「om padma cintamani maha jvala hum」這段咒文，可以避免所有災難和壞事。

53 —— 寺社奉行：じしゃぶぎょう，Jishabugyo，宗教行政機關，管理佛寺、神社各項事務。

此外，女官也很喜歡占卦算命。

當時，某家御用商店也兼賣迷你神籤箱子。形狀和寺院、神社的神籤箱子一樣，小得可以納入懷中，是朱紅色象牙製箱子，裡面有寫著號碼的竹籤。一箱一分金子，相當貴，這是專門賣給大奧女官的商品。

女官們買了迷你神籤箱子後，再從書店買進《百籤判斷鈔》小冊子，有事沒事就搖一搖神籤箱子，抽出竹籤，再對照小冊子的說明，為當天的吉凶忽喜忽憂。據說，連僱用房間女傭時，也會根據這個神籤箱子的吉凶籤子而下決定。

大奧女官在那種四面八方都是競爭對手，前後左右均隔牆有耳的女人國職場工作，或許真的除了神佛以外，沒有任何人可以倚靠。更何況她們只能在休假期間出城參拜寺院或神社，而有資格謁見將軍及御台所的高級女官，除非特例，根本無法告假外出。

為此，她們只能讓自己私下僱用的女傭，或拜託御広敷男傭替代自己去參拜。

御台所與孩子・楊洲周延畫・

除了託人出城到寺院代為燒香，大奧女官更經常託人從城外帶回各種在江戶市街流行的吉祥物。典型的例子是「久永家的開運飯」。

這是住在本鄉元町的久永家世世代代傳承的慣例。久永家是俸祿五千石的武士門第。往昔，久永家的長子病歿時，因次子早就離家出走，行蹤不明，久永家沒有繼承家門的人，全家陷於絕望深淵。按幕府規定，倘若武士門第沒有繼嗣，該門第將遭改易，也就是沒收俸祿及宅邸，並罷黜武士身分。

家臣為了避免此災難，四處尋找次子。那時，次子在某旗本家當僕役，家臣費力勞心找到次子時，次子正在吃晚飯，菜餚是海帶絲和油炸豆腐。家臣立刻帶次子回家，讓次子繼承戶主地位，保住了久永家門第。

日後，那位次子一直晉升，宦途得意。由於家臣在十月初旬找到次子，因此，久永家便在每年十月初旬宴請武士門第男女，來自家宅邸吃「海帶絲、油炸豆腐、白飯」套餐。自備餐具前來的人，也可以分到套餐，算是一種「開運飯」。

大奧女官的人生目標正是出人頭地，這種開運飯，怎能錯過？所以往往會託人帶著便當盒去討個吉利。

❀ —大奧女官的廁所—

大奧女官的房間「長局」，正面與背面都有迴廊。正面迴廊通往御殿大走廊，不能隨便來來去去。背面迴廊是下級女官和私人女傭的走道，通往御広敷。

背面迴廊底下是排水溝，外側是一整排格子紙窗拉門。紙窗拉門外面是低了一級、鋪著木板條的排水溝，隔著排水溝，接著是獨立的浴室、廁所房。迴廊和浴室、廁所房之間另有一道用木板條連結的短走道，短走道上面有小屋簷。也就是說，即便是雨天，也可以從背面迴廊直接進入浴室和廁所。

平素，御年寄等高級女官絕對不會出現在背面迴廊，但有時廁所就設在背面迴廊外邊。這時，御年寄會讓小女傭在前面大聲吆喝地開路，另有一名女傭跟著，最後才是御年寄。

每逢御年寄上廁所時，在背面迴廊忙著做事的所有下級女官或女傭，都要就地蹲下行禮。御年寄當然不會一一回禮，就那樣傍若無人地逕自去上廁所。只是，每次上廁所都要小女傭在前開路，不是表明了「我要去上廁所」嗎？而且，只要看上廁所的時間，不是明顯可以看出是大號或小號嗎？

那麼，御台所的廁所呢？

御台所的廁所糞坑挖得很深，大約有十八公尺以上，所以不用定期汲取，可以使用終生，別稱「萬年」。廁所房是兩張榻榻米大，中央有長二尺五寸（七十五公分）、寬六寸（十八公分）的圍板。為了防止使用者掉入糞坑，據說中間有鐵格子柵欄。萬一糞坑裝滿了，會重新挖掘，因此，御台所的排泄物永遠不會見光。

只是，糞坑即便挖得再深，不汲取的話，不是會臭氣沖天嗎？難怪廁所必須擱香爐，全天候熏香。

御台所上廁所時，都讓御中臈陪同。廁所房隔壁另有一間等候室，同樣是兩張榻榻米大，御中臈就在這個房間待命，等御台所完事，再進去幫忙擦拭。

京都貴族出身的女子，從小便接受這種教育，讓侍女擦屁股是習以為常的事。至於那些生下將軍嗣子的側室，由於待遇與將軍家人同等，上廁所時也必須有人陪同。不過，出身門第較低的側室，通常不讓侍女進廁所，一切自己動手。就現代人的觀念來說，理當如此吧。

話雖如此，御台所也有不想讓御中臈插手的時期，那就是經期。用月經帶綁著重重疊疊的高級紙，光是安裝就很累人，還要不時更換。也因此，御台所在經期中，大凡都自己動手。

## 將軍的廁所

真正的有錢人，或生活品質高的人，在室內裝潢這方面，通常會把錢花在廁所。廁所雖是污穢之處，但只要人還活著，廁所是不可欠缺的設備。現代人用的是沖水馬桶，清理時比較輕鬆，往昔的人應該相當費力。

就這點來說，江戶城內的將軍和御台所的廁所，算是當時的最高奢侈象徵之一。

將軍的廁所設在中奧起居室一旁，入口有洗手用的木製水桶和臉盆，拉開杉板門，裡面是兩間各為「小號」、「大號」用廁所，大小均為兩張榻榻米大。

房內鋪著高級榻榻米，牆壁也設有壁龕和多寶格式櫥架。壁龕大概掛著名畫掛軸，櫥架上則擱著香爐。不知情的人若誤闖此地，大概會誤以為是茶室。

兩間房之間用兩扇紙拉門隔開。

「小號」房中央擱著一個長方形箱子，類似貓族最愛的橘子箱子。只是，這個箱子底下有裝尿的抽屜。「大號」房中央也擱著同樣形狀的箱子，但有設置把手，將軍就跨在箱子上，拉住把手進行事情。「大號」箱子也設有抽屜，抽屜內盛著沙子。這完全跟現代貓族用的廁所一樣嘛。

住在西之丸的前任將軍或繼任將軍，用的也是同樣設備的廁所。幕府閣員的大老或老中那些領導，用的雖是看似豪華的廁所，但沒有特製抽屜。底下的官員則一律用定期請人汲取的公共廁所。

御台所的廁所雖然也是兩間房，不過，只有裡面那間才是「小號」、「大號」兼用廁所，另一間是讓御中臈待命的休息室。

御台所的排泄物是存放多年的「萬年」，將軍的排泄物則有專員負責。

這個專員每次都要鑽進地板下的通道，進行交換抽屜的工作。至於怎麼處理將軍的排泄物，據說只有當事人知曉。說不定暗地賣給江戶市街的掏糞工，掏糞工再以「高級品」之名轉賣給農民？畢竟大奧的糞便比一般庶民的公廁糞便高級，賣價也高。

碰到將軍拉肚子的日子時，侍童應該忙得不可開交，不但要傳喚御醫，還要幫忙擦拭拉在衣服或身上的排泄物。拉肚子還算小事，萬一碰到便祕的將軍，進了廁所嗯了半天仍不出來，侍童進去一看，將軍早已昏倒在廁所內。這有實例，並非八卦，只是不曉得到底是哪位將軍。

那麼，將軍出城狩獵時，該怎麼辦呢？

將軍出城進行鷹獵時，會換穿輕便獵裝，頭戴斗笠，腳跨駿馬。

自第一代將軍德川家康以來，便有個名為「公人朝夕人」[54]的官職，俸祿十人扶持，世襲制，直至幕末，始終由固定一家任職。這個「公人朝夕人」的工作正是便器服務。

第三代將軍家光和第八代將軍吉宗，都很愛鷹獵。在山野騎馬奔馳的話，一定會想解手。這時，將軍就會傳喚隊伍中的「公人朝夕人」過來。這名便器服務專員會取出一個銅製筒，插進將軍的胯股之間，讓將軍大爽一下。

不僅鷹獵，連將軍前往京都入宮謁見天皇，或到日光參拜東照宮時，由於身穿重重疊疊的禮服，或旅程中不便上廁所，這時也需要「公人朝夕人」在一旁伺候。

這項工作，看似簡單，其實很難吧？萬一尿尿漏出，又萬一插的技巧不夠熟練，讓將軍痛得哀哀叫，可是會被砍頭的呀。

既然是世襲制，任職便器服務的家門長子，是不是從小就得練習如何在層層衣服上解開紐帶，再找出目的物，最後再順利插進的特技呢？

愈是想像下去，我就愈想笑出，這絕對是一項特技。

「公人朝夕人」的俸祿雖然不多，不過，他們的身分地位似乎並不卑微。畢

---

54——公人朝夕人：くにんちょうじゃくにん，Kuninchoujakunin。

竟只有他們才能親眼瞧見將軍的寶物。只是，這項工作並非每天都有，他們平素到底在做什麼，由於缺乏記錄，如今已無法考究。

附帶一提，所謂鷹獵，不是抓蒼鷹來烹煮，而是讓馴鷹者訓練猛禽，將軍或大名出城在野外鷹獵時，馴鷹者會讓猛禽於自然狀態下捕捉野生獵物。這是一項傳統文化藝術。此外，馴鷹者和猛禽之間，並非飼主與寵物的關係，因為猛禽不高興的話，隨時可以拋棄馴鷹者，連「撒唷那拉」都免了，一去不復返。

將軍家或大名家都有馴鷹者「鷹匠」部門，江戶城二之丸也設有「鷹坊」。仔細想想，這項工作也不簡單，連御台所的寵物貓都會離家出走了，何況是猛禽？

不過，比起便器服務專員，「鷹匠」部門官員的地位相當高。「鷹匠頭」的俸祿是一千石，外加十人扶持。「鷹匠頭」底下又有「鷹匠組頭」，再底下才是「鷹匠」。「鷹匠」階級以上的官員都可以謁見將軍。

## —大奧發生火災時，女官怎麼逃難？—

江戶城本丸建築總面積是一萬一千三百多坪，其中，大奧占了六千三百坪。將坪數換為平方公尺的話，大約是三萬七千平方公尺。現代日本大樓公寓平均住戶面積是七十平方公尺，如此算下來，相當於有五百多戶平房排列在本丸（大奧某些建築是二層樓）。根據不同將軍以及時代，人數雖有變化，但通常有三百人至八百人住在裡面。

由於大奧太廣闊，新來的女官或女傭經常迷路。大奧後面雖有天守閣，不過，有些女官甚至不曉得天守閣在哪裡。

話說明曆三年（一六五七），江戶發生「明曆大火」（別稱「振袖大火」）。這場火災蔓延至江戶城本丸、二之丸、三之丸等處，西之丸、天守閣、本丸御殿全被燒毀。江戶死亡人數高達十萬人以上，與倫敦大火、羅馬大火並稱世界三大火災。

失火時逃難的裝束。楊洲周延畫。

火災發生時，御台所和眾女官都被困在大奧，她們不知道該如何逃離大奧，當時也沒有現代大樓應有的安全門告示板。

那時，擔任老中的松平信綱[55]發出指示，要眾女官空手從大奧逃到中奧，再從中奧經由幕府行政區域的「表」，一旦來到外邊，再逃進西之丸。可是，大奧女官從未踏進中奧和「表」，根本不認識路，是典型的路痴，何況榻榻米房一間接著一間，複雜得很，到底該怎麼逃難？

松平信綱考慮到這點，於事前便命人將榻榻米翻轉過來，排出一條避難路。御台所和眾女官就順著這條榻榻米避難路，逃到建築物外面。

大奧屢次發生火災。幕末時期的文久三年（一八六三）發生火災時，眾女官好不容易從本丸逃到吹上森林時，竟然有不少女官誤以為逃進了深山。江戶城哪來的深山啊？

由此也可看出，終年住在大奧的女官，完全失去了方向感，分不清東南西北。

其實我也是超級路痴，不能嘲笑大奧女官。以前曾有不同朋友測試過我的方向感，就是讓我看地圖，眾人聽我的指揮，按照我說的方向前進。結果，無論在香港或台灣、大陸、日本內地，無論徒步或開車，全部變成反方向。

55 —— 松平信綱：まつだいら のぶつな，Matsudaira Nobutsuna，川越藩第一代藩主。1596-1662。

# 大奧的餐桌

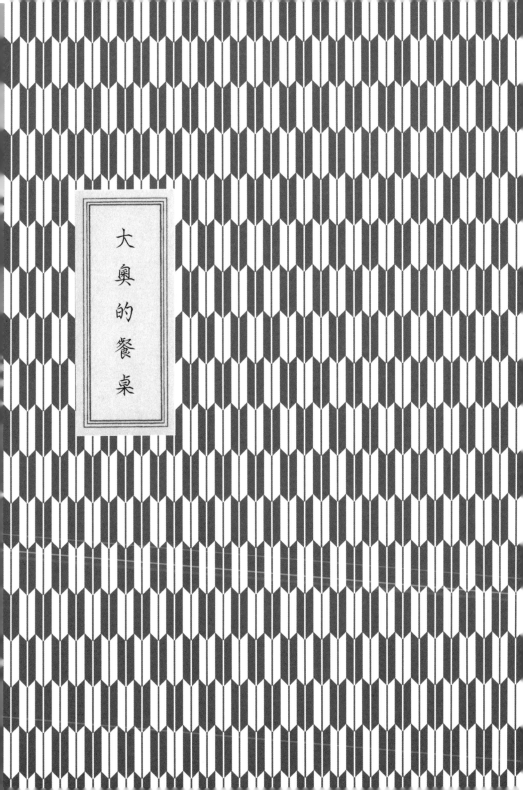

## 江戶城的廚房

江戶城的廚房分為好幾部分。首先是「御賄所」[1]，緊鄰中奧入口之一，對面是「御台所」。這個「御台所」並非將軍夫人之意，而是真正的廚房所在。

「御賄所」是主管江戶城內所有食品的部門，有時也負責購買餐具、木屐、草履等日用品。主管是「賄頭」[2]，俸祿二百袋米（相當於二百石），底下還分為各種單位，工作人員將近七百名。所有從魚市、青菜市場送來的購品，都要經過此處再運進城內。

其次是「御台所」，這裡也有許多不同單位，負責供應大名、男性官員的飲食。一般說來，城內有儀式時，大名和男性官員會在城內用餐，沒有儀式的日子時，官員通常在下午兩點左右下班，回家後再吃午飯，或乾脆讓家臣送便當過來。

上級幹部可以在下午兩點左右下班，但下級官員和警備工作人員很可能一整天都在工作，甚至上夜班。這時，有些人會各自帶便當來，有些人則吃

1—— 御賄所：おまかないどころ，Omakanaidokoro。

2—— 賄頭：まかないがしら，Makanaigashira。

御台所於元旦時的用餐圖。楊洲周延畫。

「御台所」提供的伙食。「御台所」的工作人員將近二百名。

以上是男性官員行政區「表」的廚房。

接下來是擔任將軍三餐的部門「中奥御膳所」。這裡雖然僅供應將軍一人的三餐，但底下也分為各種單位，工作人員約一百三十名。

最後是大奥御広敷的御膳部。

御広敷御膳部分為將軍專屬及御台所專屬兩個部門，光是廚師就有七十名，加上其他工作人員，總計有一百四十名。

這些男性的工作職場是二百坪（六百六十平方公尺）的地板房，裡面不但有水井，也有收納餐具的櫥櫃，中央有六個爐灶。為了防止火災，爐灶後面豎立著可以折疊的四張扁柏屏風，屏風上貼著銅板。另有大砧板，廚師就在砧板前剖魚或切菜。

在御広敷御膳部工作的廚師官員，工資不多，但因為有許多甜頭，他們的生活相當寬裕。例如，剖魚時，只擇取中央一片或兩片魚肉塊，其他全捨棄。野鳥肉也只取用胸脯肉，剩下的全扔掉。柴魚僅刨下兩三片即丟棄，魚板通常製作兩倍以上的量。

說是捨棄，其實也不是真的丟到垃圾筒。江戶城內的食材都是最高級的，怎麼可能真的丟掉呢？不用的食材都於事後平均分配給工作人員，讓他們各自帶回家。

廚師官員每天都利用這些「廢品」，動腦筋製作各式各樣的便當，再賣給城內值班官員，據說生意非常好。畢竟是將軍和御台所使用的特級食材，而有資格在城內御膳部工作的廚師，廚藝肯定比市街廚師高許多，製作出的便當也就不怕滯銷。

此外，無論「表」或大奧廚房，均有專門監視這類違法行為的官職，只是，他們也能從中獲利，通常採默認態度，大家心知肚明，算是一種「潛規則」吧。

日本電影《武士的菜單》正是描述這些用菜刀代替武士刀的武士廚師生活，非常好看，有興趣的讀者，不妨找來看看。

## ❁ 一將軍和御台所的食譜一

將軍和御台所雖是幕府最高掌權者，但他們的三餐菜單，簡樸得出人意料之外。根據季節遷移，菜單會有變化，以下是某日的御台所早餐菜單。

**早餐**——

第一主菜食案：米飯、加蛋的味噌湯、醋拌涼菜、豆腐汁、魚板、核桃果凍、海帶絲、照燒（外層塗抹醬汁的燒烤方式）鯛魚塊、寒天（瓊脂）等。

第二副菜食案：鹽烤小銀綠鰭魚、紫菜包甜蛋捲、炒豆腐、酒糟醃製的粕漬瓜子、味噌漬蘿蔔醬菜。

主菜是蘿蔔或加蛋的味噌湯、豆腐汁之類的湯類，魚板以及核桃果凍、寒天之類，鯛魚肉塊和醋拌涼菜。米飯可以吃三碗。

副菜是鹽烤魚、紫菜包甜蛋捲、炒豆腐、醬菜等，有時也有烏魚子和鹽辛魷魚（醃漬過的海鮮內臟）。其中，紫菜包甜蛋捲是御台所特地點的菜。

據說，第二食案上的醬菜及御台所特地點的菜，都是在大奧御膳所讓女官親手製作。御広敷御膳部調製的傳統醬菜，味道是德川家康的口味，味道太鹹，習慣了京都淡泊口味的御台所不喜歡吃。

此外，無論第一或第二食案，都有豆腐。豆腐在當時是珍品。

對江戶初期的農民或城市商人來說，豆腐是在特殊日子吃的特殊食品。尤其對農民來說，豆腐更是奢侈品。

一般說來，江戶時代的農村，只在祭典或盂蘭盆會、元旦、紅白事等特殊日子時，才能吃到豆腐料理。農民平素的三餐菜餚，只有味噌湯和醬菜，以及用夏日旬菜醃漬的甜辣味噌。而且主食不是米飯，而是用少量糙米混合其他雜糧煮成的湯飯。

德川家康和第二代將軍秀忠時代，甚至禁止農民擅自製作或吃食豆腐和烏龍麵、蕎麥麵等。第三代將軍家光也將豆腐列為奢侈品，禁止農民製作豆腐。不過，家光本人很喜歡吃豆腐，早餐食案上幾乎都是豆腐料理。

直至江戶時代中期，豆腐才逐漸登上庶民家庭的飯桌，不過，也僅限江戶和京都、大阪等大城市的富裕家庭。

再來看看第十二代將軍家慶與御台所某日的午飯菜單。

**午飯——**

第一主菜食案：米飯、蜆貝清湯、照燒牛尾魚塊、山藥、紫萁、寒天、栗子或慈姑甜泥、豆腐裡混合蔬菜或蛋類的豆腐捲、海帶絲、鹽烤鯛魚、蒸蛋等。

第二副菜食案：鯉魚味噌湯、鯛魚生魚片、魚板、羊羹、甜蛋捲、野鴨肉、雁肉等，以及鹽烤鱚魚（沙鮻）、鮑魚、烏魚子等。

午飯菜餚多是反映季節的應時食材，譬如在春天，蜆貝湯類比較多。

之後是下午茶的點心。

下午三點左右的下午茶點心，通常是羊羹和豆沙包，其他也有乾點心或蒸甜點等，茶是煎茶。點心從固定商店購入，送進城內時會先讓「試毒人」預先品嚐。

最後再來看看晚餐菜單。

如果將軍和御台所共用晚餐，菜餚大部分是下酒菜，因而不需要第一主菜食案，用的是可以折疊的大型食案。

菜餚是鯉魚味噌湯、鯛魚或鯉魚生魚片、魚板、甜蛋捲、羊羹、野鴨肉、鹽烤鱚魚、蒸鮑魚、烏魚子等。另外可以要求酒和米飯。

此外，大奧有個怪規矩，早餐和午飯都用黑漆木碗，只限晚飯用陶器碗盤。

另一方面，禁用食材也不少。基本上除了兔肉，嚴禁一切獸肉，鳥類也只限野鴨、雁、鶴。以下是魚類、貝類、肉類禁用食材。

魚類：窩斑鰶（油魚、海鯽仔）、小鰭（窩斑鰶的半成魚）、秋刀魚、沙丁魚、鮪魚、鯊魚、河豚、牛眼青鯥、赤魟、泥鰍、鯽魚，以及所有魚乾類。

貝類：牡蠣、蛤仔、赤貝（魁蚶）。

肉類：除了兔、野鴨、鶴，所有獸肉都禁止使用。

以下是蔬菜、水果禁用食材。

蔬菜：蔥、蒜、薤、佛掌薯、扁豆、嫩豌豆、裙帶菜、黑海帶、羊栖菜。

水果：梨子、橘子、柿子可以，西瓜、桃子、蘋果、李子是觀賞用。

看了上述的禁用食材，真會令人情不自禁替將軍和御台所扼腕感嘆：這麼多美味可口的食材都不能吃，當將軍或御台所有啥用啊？

這些禁用食材的特徵，除了味道強烈和容易腐爛外，也容易引起食物中毒，要不然就是不吉利。烹調法也有限制，例如天婦羅（甜不辣）和油豆腐等油炸料理全禁止，這是為了防止火災。

總之，這些食材都在專屬部門的嚴格管理之下，由御広敷御膳部的「菜刀武士」男性廚師負責烹調，再經過「試毒人」預嚐，最後才送到將軍和御台所面前。

現代的日本天皇早就不再使用「試毒人」，不過，御醫長會在天皇用餐前預嚐飯菜，目的在管理營養。現代日本醫院、學校、福祉設施、監獄、自衛隊等團體的食堂飯菜，也都有檢察官或營養師於事前預嚐的習慣，目的在檢測食品品質及味道，並做記錄，日後可以讓廚師當參考。

附帶一提，江戶城或諸大名的「試毒人」雖然沒沒無聞，無法青史留名，但他們

千代田之大奥
元旦
二度目
之御飯

御台所於元旦時的用
餐圖。楊洲周延畫。

並非只顧吃，必須具有藥物、毒物知識，也必須具有解毒及分析毒物的專業知識，視覺和嗅覺、味覺均超乎常人，體質也比一般人更耐毒。

## 大奧的用餐禮節

料理完成後，御広敷總管會讓「試毒人」先預嚐一份。「試毒人」是兩人一組，相對而坐，膝前擱著食案。負責人會將每一道菜餚依次擱在食案。「試毒人」各自吃一口，過一會兒，若無任何異狀，兩人再以目示意，表示沒問題。如此一道一道試毒，料理早就涼了。

試毒結束後，湯類盛入黃銅鍋內，其他菜餚則放入重疊式木盒漆器或舟形容器。接著，御膳部官員再將這些飯菜送到御広敷御錠口。

將軍或御台所的三餐，每次都各自準備十人份，「試毒人」已經吃了一份，因此，送到御広敷御錠口的飯菜是九人份。大奧女官在御錠口接過飯菜後，再送到大奧御膳所。

大奧御膳所算是大奧專用的廚房，裡面有地爐及炊具，女官送來飯菜後，負責廚房瑣事的女官會重新溫飯菜，之後再盛在餐具。接著是中年寄再度預嚐一份，此時，飯菜剩下八人份。

廚房女官按照中年寄的指示，將合格的飯菜並排在將軍家專用的食案。御台所的漆器食案內側是朱紅色，外側是黑色，邊緣有德川氏家紋的「三葉葵」及御台所娘家家紋的泥金畫。

廚房女官在食案蓋上綢巾後，接著送到御台所專屬的「御次」待命房。「御次」接過食案，送到御台所起居室入口，再由御台所專屬御中臈接過食案，最後送到御台所面前。

哎呀，我光看這些煩冗過程，胃口就全沒了。那些「菜刀武士」團隊實在很可憐，即便他們的廚藝再如何精湛，繞了這麼一大圈，也是徒然。

我們再來看看御台所如何用餐。

兩名侍女跪坐在御台所背後，御台所坐在御座，正面擱著第一食案與第二食案。隔著食案「御年寄」坐在御台所正前方，中年寄坐在御年寄右側後方，右手邊有碗型黑漆飯桶，左手邊有木製方盆；御中臈坐在御年寄左側後方，左手邊同樣有木製方盆。

一切就緒，御台所要開飯囉。

送過來的飯菜雖是八人份，但擱在御台所面前的只有一人份。其他的七人份呢？

原來御台所吃飯時，都由御年寄伺候。例如吃魚時，御年寄會事先用筷子剔下魚肉，擱在魚身上。御台所吃了一口剔下的魚肉後，御年寄便會立即呼喚「再來一份」。也就是說，御台所只吃了一口，那道菜便必須換成另一份。無論照燒魚、鹽烤魚，或其他菜餚，只要御台所吃了一口，統統都要「再來一份」。

隔壁房間有剩下的七人份飯菜，倘若御台所想吃第二口，隔壁房間會送來另一人份的菜餚。此時，剩下的是六人份。

而且，按照大奧規矩，同一道菜，只能喊一次「再來一份」，不能喊第二次。

換句話說，即便將軍或御台所愛吃的菜餚，也只能吃兩口。可憐的將軍與御台所，這樣根本填不飽肚子，所幸米飯可以吃三碗。

據說，「再來一份」的菜餚多半是大奧御膳所做的菜。想想也是，比起從御広敷御膳部送來的正式飯菜，大奧御膳所距離最近，做出的菜餚也應該最好吃吧。

筷子是豪華杉木筷，每頓都是一次性，沒有個人專用的筷子盒。米飯也每次都要用秤子量，定量是六〇匁（約二二五公克）。

抓鶴圖。楊洲周延畫。

現代的一合白米是一百五十公克，用電鍋可以煮成總計約三百公克的兩碗飯，便利商店賣的飯糰約一百公克，壽司約二十公克。如此算下來，將軍和御台所即便吃三碗飯，也頂多是現代的兩個飯糰、十一個壽司而已。菜餚只能吃兩口，米飯只能吃兩個飯糰，我很懷疑，這樣夠填飽肚子嗎？

雖然用的是最高品質的白米，米粒也是經由大奧女官一粒一粒選出，但是，將軍和御台所吃的不是用水煮出的米飯，而是用蒸的。以現代人的感覺來說，猶如便利商店賣的便當飯，乾乾硬硬的，完全比不過家庭用電鍋煮出的飯。

不過，將軍從小便吃慣了這種米飯，說不定將軍私下認為這正是全世界最高級、最好吃的米飯。

總之，即便御台所每道菜都吃兩口，也會剩下完全沒動過筷子的六人份飯菜。這些剩下的飯菜，正是當天在一旁伺候的值班高級女官的三餐。

將軍那邊的送飯過程比較簡單，由中奧男性官員負責。將軍平素有政務，有時還可以御覽武藝，或出城鷹獵，至少能享受生活作息上的變化。就這點來說，御台所每天的工作除了化妝就是換衣服，因此非常盼望用餐時刻的到來。

在大奧生活的女官，最大的樂趣是吃和穿。值班女官中，若有人沒吃到御台所吃剩的六人份至七人份飯菜，大奧御膳所會分配飯菜送到各部門的值班室。此外，江戶城內有菜園，蔬菜多來自御広敷御膳部，生鮮菜餚則直接在御膳所烹調後，再分發給眾女官。

一般而言，住在「長局」的女官都有私人僱用的女傭，這些女傭也擔任炊事。也因此，女官的三餐比較自由，吃的也是用水煮出的熱騰騰米飯，經濟狀況好的女官更可以享受自己愛吃的菜餚。

## 一為了增強精力，德川家康經常服食春藥？一

德川家康之所以能夠掌握天下，最大理由是他活到七十五歲（足歲七十三又四個月）。在那個時代，能活到七十五歲算是相當長壽，家康自己也強調奪取天下的祕訣正是「長壽」。

豐臣秀吉活到六十二歲，家康比秀吉小六歲。秀吉五十歲時登上人臣最高位關白，但直至他過世之前，天下始終處於戰亂狀態。家康在六十二歲成為天下人，並成立幕府。如此看來，壽命長短與鹿死誰手果然有關。

家康擅長駕馭家臣，他知人善任，量才器使，不像織田信長或豐臣秀吉那般，隨手拋棄暫時沒有用的家臣。家康的飲食習慣也眾所皆知，拿下天下後，他依舊徹底實踐以麥飯和味噌為主的粗食。

家康每天早睡早起，三餐飲食也極為有益於健康。他愛吃麥飯和糙米，味噌湯裡放多種根菜類，魚類特別喜歡曬乾的沙丁魚。這也是現代日本人的基本長壽食物。

此外，家康的生藥造詣很高，並將研究成果反映在日常生活的用餐。不但經常飲用親自調劑的藥酒，甚至在靜岡設立藥用植物園，專門栽培藥草。現代日本有一種名為「養命酒」的藥酒，據說在幕府開幕的一六〇三年進獻給家康，家康非常滿意，特地賜予「飛龍」標誌，這正是日本第一號商標註冊。

第三代將軍家光患重病時，家康也親自調劑生藥，最後治癒了自己的孫子。只是，晚年稍微放鬆警戒，奢侈了一下，這「一下」，竟然就奪走了家康的性命。

話說元和二年（一六一六）一月，德川家康在駿府附近進行鷹獵，之後吃了不少鯛魚天婦羅。當天夜晚，引起嚴重腹痛，自此臥病在床。這是一般說法。是不是平素難得吃油膩食物，導致腸胃受不了？據說當時的天婦羅沒有裹上澱粉漿，類似現代的乾炸食品。

不過，現代醫生參照當時的記錄，推斷此時的家康可能已經患上胃癌，真正的死因並

第一代將軍，德川家康。

非天婦羅。其他另有各種說法，總之，胃癌的可能性比較大。

江戶時代末期的著作《名將言行錄》，記載著一段有關家康的小故事。據說，家康總是吃麥飯，家臣想讓家康吃一頓美味米飯，便在碗底盛著白飯，上面再盛少許麥飯。

家康發現後，大為發火。

「你以為我是捨不得花費才吃麥飯嗎？眼下是戰亂時代，在戰場的士兵都臥不安枕，我怎麼能過著奢侈日子？只要我帶頭節約度日，不但可以多支出一些戰爭費用，也能照顧到底層的老百姓。」

這段故事或許經過作者添枝加葉，不過，由此也可看出，家康確實以粗茶淡飯度日。倘若後代各將軍都效法家康的飲食習慣，也就不會患上因缺乏維生素$B_1$而引起的腳氣病。事實上，有幾位將軍正因為患上腳氣病，導致心力衰竭而夭折。

再根據現代的飲食文化專家研究，指稱家康不但努力研習宋朝中醫古書《和劑局方》、明朝本草學大成著作《本草綱目》，更常備各式各樣的生藥，例如山藥、桂皮、牡丹皮、地黃、海狗腎等。

家康每天都根據自己當天的健康狀態，親手調製藥材並服用。

中藥藥材海狗腎，是海狗科動物海狗或海豹科動物海豹的雄性外生殖器，包括睪丸、陰莖和精索，為中國古代春藥的材料。

據說，有些公海狗擁有五十隻以上的母海狗後宮集團，繁殖力極為旺盛。可是，公海狗每天都要執行繁衍子孫的任務，這樣不是很辛苦嗎？

海狗腎主治陽痿精衰，能夠令男性壯陽回春。但江戶海邊沒有海狗，海狗腎藥材來自何方？史料記載，德川家康於六十九歲時，命北海道松前藩進獻海狗腎。如此努力的結果，家康妻妾成群，兒女滿堂。

我想，大概不是海狗腎的效果，應該是家康的側室多為寡婦之因。換句話說，家康挑選側室的基準不在外貌或出身，而是實用的「會生孩子」、「體格健壯」等條件。況且，這些側室都很賢明、穩重，沒有派系之爭。

豐臣秀吉則因自己出身門第不好，偏好外貌豔麗、名門出身的女子，結果，過世時只留下一個兒子。這個兒子又在二十出頭便死於「大坂夏之陣」[3]，豐臣家就此絕後。

倘若豐臣秀吉讓側室多生幾個孩子，又倘若糟糠之妻寧寧為秀吉生下孩子，說不定天下大餅便不會落到德川家康手中。

3 —— 大坂夏の陣：おおさかなつのじん，Ōsaka Natsu no jin。發生於1615年5月，是江戶幕府滅掉豐臣家的第二場戰役，也是戰國時代的最後一場戰爭。

或者，家康正是目睹秀吉的失敗，才會致力於生兒育女的使命，更設立了專為接續香煙而存在的大奧。

## 一第三代將軍家光與澤庵漬、目黑秋刀魚一

第三代將軍家光很挑食，嘴太刁，奶娘春日局為了讓他開開心心吃飯，特地準備了「七色飯」。

所謂「七色飯」，是白米裡加上青菜的菜飯、栗子飯、紅豆飯、麥飯、煮過一次再蒸一次的飯、把米碾碎煮成的飯、煮熟的飯曬乾後再泡熱水吃的飯。這些飯，不僅顏色鮮明，營養價值也高。

這套「七色飯」一直應用在歷代將軍的三餐中。只是，讓御膳部每天做「七色飯」很麻煩，後來改為四色，據說末代將軍慶喜[4]正是每天都吃四色飯。春日局自己則傾向家康流派，基本餐是糙米、味噌湯、醬菜、沙丁魚。

日本的醃漬黃蘿蔔名為「澤庵漬」[5]，簡稱「澤庵」[6]。一般說法是江戶時代禪宗大師澤庵宗彭[7]發明的，起名人則是家光。

澤庵大師是江戶時代初期的著名禪僧，五十七歲時因「紫衣事件」[8]而被流放出羽國上山（山形縣東南部）。

紫衣是紫色法衣、袈裟，自古以來都由朝廷賜予高德僧人或尼姑。幕府為了統治宗教界，禁止朝廷任意授予紫衣、上人稱號。澤庵正是反抗幕府的高僧之一。當時的將軍雖是家光，掌權的卻是第二代將軍秀忠。三年後，秀忠過世時，幕府發布大赦令，赦免了與「紫衣事件」相關的所有罪人。

家光很尊敬澤庵大師，甚至為了不讓澤庵大師離開江戶，特地在品川開創東海寺，讓澤庵大師任住持。

---

4 —— 德川慶喜：とくがわ よしのぶ，Tokugawa Yoshinobu。1837-1913。

5 —— 沢庵漬け：たくあんづけ，Takuanzuke。

6 —— 沢庵：たくあん，Takuan。

7 —— 澤庵宗彭：たくあん そうほう，Takuan Sōhō。1573-1645。

8 —— 紫衣事件：しえ じけん，Shie Jiken。

某日，家光前往東海寺。

午餐時，家光說：「很想吃點新奇東西。」

澤庵大師卻回道：「我們這裡是禪寺，沒有珍美菜餚，只有醃漬蘿蔔。」

大師端出的盤子上，果然盛著一大堆醃漬蘿蔔。

家光吃了後，非常滿意，覺得和平素在大奥吃的醬菜根本無可比擬。於是對澤庵大師說：「以後就稱為澤庵漬好了。」

這段故事記載於根岸肥前守的《耳囊》（又稱《耳袋》）。根岸肥前守名為根岸鎮衛[9]，長年蒐集從別人口中聽來的怪異小故事，再於公事之餘，寫成隨筆。直至他去世前一年，總計完成了十卷，共一千篇。「耳囊」是將聽來的怪談故事，好好收藏在袋子裡之意。簡單說來，就是當時的都市傳說，但基於作者的身分職位，有些是實際發生的事件。

倘若這段故事是事實，「澤庵漬」的命名人就是家光了。

我不喜歡吃「澤庵漬」，最愛吃的是用米麴醃製的東京名產「bettara zuke」，同樣是醃漬蘿蔔，一黃一白，甜味也完全不同。據說第十五代將軍慶喜也非常愛吃「bettara zuke」。

另一種我愛吃的醬菜是京都名產「千枚漬」[10]。

趕稿時，一碗茶泡飯和幾片「bettara zuke」就行；有閒暇看美國或英國電視劇時，一包仙貝和一碟「千枚漬」夾雜著吃，跟著劇情既驚呼亦大笑，順便學聽英文（當然幾乎都有聽沒有懂），十分愜意。

話說回來，日本古典落語[11]有一段著名的〈目黑秋刀魚〉小故事。故事內容如下。

某日，有位主君出門遠行，歸途聞到一股香味，問臣下：「這是什麼味道？」

臣下答：「這是用火炭烤秋刀魚的味道。秋刀魚是低級魚，不適合大人入口。」

然而，主君從來沒聞過這種味道，堅持要吃，臣下只得拜託附近農家分出一些剛烤熟的秋刀魚。主君吃了後，大喜若狂，說，這是他第一次吃到如此好吃的佳餚。

之後，主君在城內命廚師做秋刀魚。可是，用火炭鹽烤膘肥秋刀魚時會流出大量魚油，廚師認為這樣對健康不好，便抽出所有魚脂；又認為萬一魚刺卡在主君咽喉，那可就大事不妙，又一根一根拔掉所有魚骨。

---

9 —— 根岸鎮衛：ねぎし しずもり，Negishi Shizumori。江戶南町奉行，負責江戶的行政、裁判、警備、公安等業務。1737-1815。

10 —— 千枚漬：せんまいづけ，Senmaizuke。

11 —— 落語：らくご，Rakugo，日本傳統藝術表演，通常獨自一人坐在舞台，利用小道具講故事。

秋刀魚完全失去原形，最好吃的魚油也被去掉。主君吃了後，大失所望嘆道：「秋刀魚還是目黑產的最好吃。」

哎呀呀，可憐的主君，秋刀魚不是目黑產的最好吃。

秋刀魚本來就是日本秋季的魚中之王，鹽烤時不能去掉魚頭和內臟、魚骨，也不能抽掉油脂，整條現烤現吃，再配上蘿蔔泥，那就是天下第一美味了。

據說這位可憐的主君，正是第三代將軍家光。

## 一第五代將軍綱吉與練馬蘿蔔一

第五代將軍綱吉是第三代將軍家光的四子，在位期間頒布了苛政「生類憐憫令」，老百姓給他取了個綽號「犬公方」（狗將軍），遺臭萬年。日本史著名的「四十七赤穗義士忠臣藏」復仇事件，正是發生在綱吉時代。

家光的長子家綱是第四代將軍，自小體弱多病，好不容易讓側室懷了孕，卻又流產，也就沒有留下子嗣。家光的次子早夭，按順序來說，繼任者應該是三子綱重，無奈綱重也比哥哥家綱早逝。

第五代將軍，德川綱吉。

綱重膝下雖有嫡子，但因為生母身分低賤，嫡子交給家臣撫育。家綱去世時，這嫡子已經十九歲，有資格登上將軍職位。不過，不知為何，幕府閣員決定讓家光的四子綱吉成為家綱的養子，就任第五代將軍。只是，家綱也沒有兒子，結果還是讓綱重的嫡子成為第六代將軍家宣。

總之，綱吉於三十五歲就任將軍。由於是四子，一般認為他毫無就任將軍的可能性，而家光又為了讓他知曉長幼有序的道理，從小便給他灌輸儒學思想。這也是綱吉於日後頒布「生類憐憫令」的背景。

綱吉十六歲時，成為上野國館林（群馬縣）二十五萬石大名。但是，他經常三病四痛，無法前往領地管理政務，終年窩在江戶小石川的白山御殿生活。大概吃得太奢侈，患上腳氣病，一時生命垂危。

現代人都明白腳氣病的病因是缺乏維生素$B_1$，但在江戶時代，雖然大多數人察覺這是一種僅在大城市發生的奢侈病，卻不明白元兇是城市人愛吃的白米。患上腳氣病後，膝蓋以下會呈現水腫病症，雙腳沉重，無法步行。之後全身浮腫，腳氣衝心，呼吸困難，痛苦了兩三天，最後暴斃。

看過以江戶時代為背景的日劇《仁醫》的讀者，應該記得那位從現代穿越到江戶的青年醫生，用糙米粉製出的紅豆餡甜甜圈吧？那正是針對腳氣病的藥方。

話說回來，綱吉的腳氣病逐日惡化，縱使找來眾多天下名醫，開遍各種藥方，也不見好轉。

所有方法都用盡後，連將軍家也不得不求神拜佛了。招來一名陰陽師頭卜易，陰陽師頭說：「應當移至西北方有『馬』字地名之處，好好養生才是。」

綱吉立刻命人在江戶西北方練馬（東京都練馬區）野地蓋了別墅，每天吃新鮮蔬菜，特別是練馬特產的白蘿蔔，終於痊癒。

不過，這些都是傳說，事實與否，不得而知。

總而言之，練馬區的名產確實是白蘿蔔。白山御殿則在綱吉過世後，成為御用藥草園，一隅設立了救濟貧民的免費醫院小石川養生所，現在是日本東京大學附屬植物園小石川植物園。

根據最近的研究成果，專家表示「生類憐憫令」並非苛政，其真正目的是禁止當時的棄嬰、棄兒、棄老、棄病人、棄貓、棄狗等風習。「生類憐憫令」一詞則為綱吉於在位期間所發出的禁令總稱。

綱吉打算掃除戰國時代的亂世遺風，改為文治國家，由於毫無效果，只得連續頒布了一百三十五次棄兒、棄老、虐待動物、買賣寵物、訓練動物成為雜技團的掙錢工具、隨意殺生等禁令。但在位二十四年期間，實際遭懲罰的例子僅六十九件。此外，由於綱吉生於丙戌年，特別關照狗狗。當時的人沒有寵物觀念，養狗態度與現代人完全不同，視家狗或流浪狗為畜牲，不加顧恤，甚者施虐，也因此，後來頒布的法令便逐漸趨向以保護犬隻為主的內容。

再者，當時的大名帶著獵犬到野外鷹獵時，經常讓獵犬走失。這些獵犬逐漸成為野狗，回到江戶市內當流浪狗，自生自滅，最終演變為不可收拾的社會問題。

綱吉最初在世田谷設立了流浪狗收容所，最初狗隻數僅有一萬四千。後來又在大久保和四谷分別設置了二萬

五千坪、一萬九千坪的流浪狗收容所，此時，狗隻數增至四萬二千。最後在中野建造了三十萬坪的流浪狗收容所，狗隻數多達八萬二千，狗糧年間費用高達九萬八千兩。若單純將一兩換算為現代的十萬日圓，便相當於一百億。而這些狗糧費用來源是江戶庶民的稅金，難怪老百姓會叫苦連天，視之為苛政。

不過，說句真心

將軍的「開鏡餅」儀式。楊洲周延畫。

話，綱吉設立的國立流浪狗收容所，設備完善得真會讓現代動保人士嘖嘖讚嘆。小狗、母狗、公狗均有各自的養育區，管理得有條不紊，負責照顧犬隻的公務員也都住在裡面的宿舍，甚至有獸醫宿舍區，全天候為犬隻服務。雖然當時沒有植入晶片的技術或狗牌政策，但所有家犬都採登記方式，武家宅邸甚至必須每天記錄家犬的健康狀態，萬一家犬走失，還得讓家臣或傭人大街小巷尋找走失犬。

換個角度來看，「生類憐憫令」是現代的動物保護法，綱吉堪稱日本動保始祖。而綱吉之所以能夠如此大手筆建立大規模流浪狗收容所，也在於他本來就缺乏繼任將軍的資格，一登上將軍地位，便來個人事大換血，大權獨攬，由將軍親政。

現代的中野區公所正是建於綱吉時代的流浪狗收容所之處，區公所正面左側設有五隻或立、或臥、或躺在草坪的狗狗銅像，以為紀念。

再根據深度研究，綱吉頒布的「不准殺狗」的另一個真正目的，是禁止武士階級隨意砍死庶民的風氣。既然連畜牲都不能殺，當然也就不能亂殺庶民了。只是，綱吉無法直接拿武士階級開刀，於是以自己生於丙戌年為藉口，頒布了一連串的「生類憐憫令」。

## —第八代將軍吉宗的下午茶點心是早餐剩飯—

第八代將軍吉宗為了改善幕府財政，不但以身作則過著簡樸生活，更呼籲家臣和老百姓厲行節約。無論炎夏寒冬，吉宗都穿棉製內衣，外衣也多是棉布、麻布，亦從來不穿裝飾太多或花色鮮豔的衣服。

某日，近臣穿著綾羅綢緞來請示政務，吉宗只是盯住近臣的衣服，一言不發。吉宗這個人，據說從未大聲叱責家臣，然而，如此一聲不響盯著人家的衣服看，再笨的人也會自覺踩到了地雷，只得尷尬告退。

將軍如此的話，眾家臣也就不敢明目張膽地穿金戴銀。

在飲食方面也是。

比如，早上吃糙米飯配辣椒味噌醬菜，傍晚一湯三菜、酒少許。而且，早上吃剩的飯菜不准丟棄，留下當肚子餓了時的點心。

當時的老百姓已經從一日二餐改為一日三餐，吉宗卻堅持一日二餐，並秉持「飯吃八分飽」原則。史料記載，吉宗身高六尺，膚色黝黑，曾和最高等級的相撲力士較量筋力，是個彪形大漢。一日二餐應該不夠呀，但據說這種飲食習慣在他居於紀州藩主之位十年期間，便習以為常。

出城鷹獵時，吉宗通常會要求村長送出村民平素吃的飯菜，令村長目瞪口呆。他於在位後期才逐漸將糙米改為白飯。

吉宗不僅躬行節儉，還瞪大眼睛監視江戶城各個角落。

話說某天，他聽說將軍御膳部一天使用二十條柴魚，於是傳喚負責柴魚的主管，命對方在將軍起居室廊子現場表演刨柴魚廚藝。

主管刨了三條，份量已經相當多，此時，吉宗開口道：

「行了。一天五條應該夠用，往後就這麼做。」

若按慣例，柴魚僅刨下兩三片即可，剩下的都可以讓御膳部公務員帶回家，或成為城內便利商店的便當。這下好了，本為一天二十條的柴魚，縮減為五條，將軍大人呀，您這樣做，該讓人家如何賺外快呢？

吉宗為了一掃江戶城內的奢侈風氣，標榜「回歸家康」口號。但他

第八代將軍，德川吉宗。

的做法明顯和家康截然有異。家康確實是名符其實的鐵公雞，他可以為了一張被風吹走的白紙，光著腳跑到院子呼天搶地。不過，該花錢時，家康會面不改色大把燒錢。

就經濟效果來看，吉宗的儉約令明顯是失敗政策。老百姓不花錢瞎拼購物，商品就會滯銷，商家只能降低成本維持生意，間接影響到製造商（工藝職人）的生計。國家最後會陷入螺旋式的通貨緊縮狀態，抑制經濟增長率，導致失業率升高，整體經濟衰退。

政治家帶頭厲行節約是好事，但下令讓全民也省吃儉用的話，便有點矯枉過正。

總的說來，吉宗終究是難得的一位明君。

「享保大飢荒」（一七三二）時，因冷夏致使害蟲大量繁殖，西日本那一帶嚴重歉收，餓死者超過一萬二千名，忍飢挨餓者高達二百五十萬。同樣位於西日本，薩摩（鹿兒島縣）、長崎竟然沒有人餓死。原來兩地盛行栽培容易、抗病蟲害強的甘薯。

得知原因後，吉宗立即讓蘭學家青木昆陽[12]在小石川藥園試種甘薯，

12——青木昆陽：あおき こんよう，Aoki Konyō，江戶時代中期的儒學者、蘭學者。蘭學意味經由荷蘭人傳入日本的文化，廣義說來是所有西洋學術。1698-1769。

並成功研究出大規模種植甘薯的方法，使得大飢荒得以緩解。

這位將軍有很多軼聞趣事，例如親自訂購並進口大象，從長崎利用陸路搬運至江戶，沿途掀起一陣大象熱潮。此外，所有今日東京的櫻花名所，比如著名的飛鳥山和隅田川河堤櫻樹，都是他命人整修種植，目的是讓老百姓有行樂場所可去。

## 一第十三代將軍家定愛好製作甜點一

美國海軍將領培里，率領黑船駛抵神奈川縣橫須賀市浦賀港，留下要求日本開國的美國總統親筆信，暫且離開日本。十天後，六十一歲的第十二代將軍家慶過世，繼任的是第十三代將軍家定。

在這種動盪不安的局勢中，這位將軍竟熱中於製作甜點。他經常煮甘藷和南瓜、紅豆，讓家臣試吃。有時也製作豆沙包或卡斯提拉（長崎蜂蜜蛋糕）。如果味道有滋有味兒，那還好，但家定煮出來的東西似乎總是半生不熟，令家臣吞也不是，吐也不是。

家定三十二歲時，親信之一請求幕府最高職位的大老井伊直弼[13]，務必設法讓家定中止此愛好。親信大概因為每天必須試吃半生不熟的甜點，忍無可忍了。無奈，家定不聽井伊直弼的勸諫。

明治時代中期有一本專收錄江戶幕府公務員證言的速記記錄《舊事諮詢錄》，書中有一段家定的詭異行動記載。

事情發生在家定繼任將軍之前。

父親家慶臥病在床，茶飯不進，兒子家定每天親手煮米粥，讓父親進食。而每次要確認米粥到底煮熟了沒，都直接將手指塞進米粥。

家定可能打算用手指識別米粥的硬度和稀稠，但這種行為確實會令旁人大驚失色。不僅如此，家定還會特地在紙窗開洞，偷看父親到底吃了沒有。

倘若家定不是繼任將軍，說不定還能得個孝子美譽，可他是動盪時局的將軍，每天沉浸在煮甘薯、烘焙蛋糕上，趕得走黑船嗎？

而且家定小時候因患上天花，眼睛旁留下瘀斑，又由於口吃，無法與他人溝通，也就比較容易動肝火。結婚三次，前兩任御台所均早逝，第三任夫人正是篤姬天璋院。家定在位僅四年半即病逝，享年三十四。

說起來，家定也很可憐，以父親家慶為首，四周的幕府官僚都希冀慶喜（第十五代將軍）早日登上將軍之位，根本沒人理會家定的內心世界，難怪他

---

13 —— 井伊直弼：いい なおすけ，Ii Naosuke，主張實行開國政策，並與美國簽訂日美修好通商條約，日後被倒幕志士暗殺。1815-1860。

會熱中於製作卡斯提拉。何況家慶過世後，各藩國大名和官僚分為擁立慶喜及支持家茂（第十四代將軍）兩派，明爭暗鬥，爾虞我詐，對家定漠不關心。甚至有大名說家定是「庸才中最低級的庸才」。

然而，美國第一任駐日公使哈里斯謁見家定後，於日記記載：

> 家定起初用力將頭後仰至左肩後方，同時踱響左腳。重複了三、四次同樣動作，再以清晰穩定的聲音說：「以使節身分遠渡重洋特地送交書信，我很感謝貴國的深情厚意，滿足至極。請你回去轉達，我國和美國的關係將持續萬世。」

哈里斯即便目睹家定的異常舉動，但在聽了家定的聲音後，即判斷家定的

第十三代將軍，德川家定。

徳川家定御台所。豊原國周畫。

智能毫無問題。將軍果然是將軍。

每次我讀到這段佳話時，總會想起英國傳記電影《王者之聲：宣戰時刻》（*The King's Speech*）中的喬治六世國王。這部電影根據英國歷史真實故事改編而成，非常好看。沒看過這部電影的人，應該也聽說過「不愛江山愛美人」的代表人物溫莎公爵的愛情故事。

喬治六世國王便是溫莎公爵的弟弟，從小有嚴重口吃，不擅各種公開場合的演說。卻由於哥哥選擇了愛情，不得不登基。當時正逢德國希特勒發動戰爭，喬治六世國王只能不屈不撓地接受一連串的言語治療訓練，最後在廣播麥克風前發表了著名的宣戰演說，鼓舞了全國軍民。

再回頭來看家定，他從小因語言障礙，又因臉上有疤痕，極力避免出現在人前，寧願去煮甘薯、南瓜，和這些不會說話也不會譏笑的蔬菜交流。卻因兄長都早逝，勉為其難地坐上將軍之位。而為了接見美國公使，為了說出上述那段話，他到底練習了多少時日？

雖說這是家定生平第一次，也是最後一次接見外賓，但從哈里斯的記述看來，家定應該不是廢人。倘若家定在和平時代繼任將軍，大概會留下另一種評價吧。

# 大奧的這些人與那些事

## ◆妻管嚴第二代將軍秀忠，比其父家康更老奸巨滑

提到第二代將軍秀忠，一般人通常會聯想到「妻管嚴」這個詞。畢竟家康的光環太耀眼，第三代將軍家光的圓光亮度（變態方面）也不亞於祖父家康，於是把夾在中間的秀忠給壓了下去，讓秀忠顯得黯淡無光。

然而，事實真是如此嗎？我怎麼反倒覺得秀忠只是在裝老實？他應該比家康更老奸巨滑。

秀忠看似平庸之輩，做事也很低調，但家康過世後，他立即提起大刀與闊斧，不見血地大開殺界，甚至殺到京都朝廷，氣得天皇以讓位之舉表明對幕府的積怨，結果出現一位女天皇，也就是第一〇九代的明正天皇[1]。

話說秀忠於慶長十二年（一六〇七），二十七歲時登上將軍之座，這時，江戶城已經開始進行大規模擴建工程。到了慶長十四年，本丸建築物大體上已竣工。按設計藍圖看來，當時的本丸，「表」和「奧」界線分明，井水不犯河水。其實早在豐臣秀吉興建大坂城時，曾試行將官廳和私邸隔開，江戶城正是模仿大坂城的「表」、「奧」格局，並擴大規模，正式實行「男（工作）女（家庭）有

---

1——明正天皇：めいしょうてんのう，Meishō Tennō。1624-1696。

第二代將軍，德川秀忠。

別」政策。

之後，男人的職場再度劃了一條界線，分為幕府政治中樞的「表」和將軍官邸的「中奧」。接著，為了讓家康在江戶逗留期間有別墅可住，又興建了西之丸。日後，西之丸逐漸演變為前任將軍和繼任將軍的居所，他們另有專屬的「奧」。西之丸女官地位似乎比大奧女官低了一級，但只要繼任將軍健在，人家有朝一日終會全體遷至大奧，趕走前任將軍和前任御台所的女官，沒事還是少惹為妙。

家康在世時，秀忠標榜「凡事聽大御所（家康）說的」信條，像隻寒天的蟬，悶不吭聲，令四周人以為他淡泊名利。可是，家康去世後，他就挺鎗立馬，展開一連串的強勢政策。

最令人張口結舌的裁斷，應該是改易罷黜有勢力的二十三家旁系大名，其中以廣島五十萬石的福島正則[2]最可憐，領地遭沒收，降為四萬五千石的長野縣川之島領主，到了兒子那一代，甚至又降為三千石的旗本身分，最後因無子嗣而斷後。

秀忠連德川一門的十六家世襲大名也統統除掉。他認為上一代的臍帶關

2——福島正則：ふくしま まさのり，Fukushima Masanori，豐臣秀吉的家臣。1561-1624。

係都是禍胎，為了不留後患，乾脆斬草除根。這種連家康也不敢做的狠毒政策，秀忠做了，但也託他的福，幕府和藩國大名的主從體制骨架就此形成，不會再返回到群雄爭霸的戰國時代。

在內政方面，秀忠將幕府官職制度化，最高官職的老中定員約四、五名，採輪番制，各自管理不同政務。如此可以斬斷私人羈絆，一切秉公處理。他又在寬永八年（一六三一），將戰國時代以來的「朱印船」貿易制度改為「奉書船」貿易制度。也就是說，與外國有貿易關係的西國大名所擁有的貿易船，除了現有的幕府公認許可證，還必須持有幕府老中發行的許可證，相當於現代的出境核准。說穿了，就是嚴密管理出國人員，是鎖國政策之前的預備措施。「奉書船」制度實施兩年後，幕府就頒布了第一次鎖國令，僅限「奉書船」可以出國。之後幕府逐年頒布鎖國令，十年後的一六四一年，鎖國體制完成。

這樣的人，可以說他恬淡無為嗎？

我們先站在女人的立場來看看秀忠到底是「賤好男人」還是「新好男人」？

秀忠是典型的妻管嚴，這點毋庸置疑。但男人總是男人，妻子管得愈嚴，偷來的香也就愈香。

當時的大奧總管是秀忠的奶娘，亦是幕府老中的母親。秀忠愛上總管身邊一個名為阿靜的侍女。秀忠時代的大奧由於沒有側室，只有正室阿江，女官人數也就不多，將軍比較容易偷香竊玉。可是，這根香或這顆玉要是懷孕了，事情可就無法隱瞞遮掩過去。

阿靜懷第一胎時，偷偷出城回老家打掉孩子。但秀忠忘不了阿靜，再度喚回江戶城，又讓阿靜懷了第二胎。阿靜本來打算再度打掉，是阿靜的弟弟阻止了姊姊，說：「這是將軍的孩子，兩度打掉，必遭天譴。」（會津藩史《家世實紀》）

聽弟弟如此說，阿靜決意生下孩子。但不能在大奧生，倘若讓阿江知道此事，母子倆只有死路一條。

於是，阿靜向武田信玄[3]的次女見性院求救。在見性院翅膀的庇護下，阿靜於慶長十六年（一六一一）生下一男子，幼名幸松。

幸松七歲時，經見性院推薦，成為信州（長野縣）三萬石高遠藩藩主保科正光[4]的繼子。保科正光在高遠城三之丸修蓋了新居，讓母子倆住進，並讓重臣負責養育幸松，每天過去招呼五、六次。

保科正之

根據《會津松平家譜》，秀忠在阿江過世三年後的寬永六年（一六二九）六月，首次與成長至十八歲的兒子見面。這時秀忠已經退位，將軍是家光，但實際掌權人仍是秀忠。按理說，秀忠可以認親了，但他就是逃不出阿江的魔掌，不敢承認兒子的存在。真不知該說他賤，還是說他乖。

德川秀忠御台所阿江，崇源院。

兩年後，養父保科正光過世，改名為保科正之[5]的幸松登上藩主之位。翌年寬永九年（一六三二），秀忠去世。換句話說，秀忠於生前始終沒有承認幸松是自己的兒子。讓我評價的話，只有一句話：「不是男人！」

所幸，家光登位後前往京都謁見天皇時，讓這個小自己七歲的同父異母弟弟當侍從，

3 —— 武田信玄：たけだ しんげん，Takeda Shingen，戰國時代名將。1521-1573。
4 —— 保科正光：ほしな まさみつ，Hoshina Masamitsu，戰國時代至江戶時代的武將、大名，高遠藩第一代藩主。1561-1631。
5 —— 保科正之：ほしな まさゆき，Hoshina Masayuki。1611-1673。

此舉等於向世間公認保科正之是將軍的弟弟。

大哥家光非常看重保科正之的能力，二哥忠長也很疼愛這個突然冒出來的弟弟，甚至送給弟弟一份祖父家康的遺物。只是，對家光來說，同胞弟弟忠長始終是肉中刺、眼中釘。秀忠過世兩年後，家光便以各種藉口除掉忠長。這樣一來，家光身邊便只剩保科正之這個弟弟了。

保科正之最後成為二十三萬石陸奧（福島縣）會津藩藩主，直至第三代藩主時，才改回家康原名的松平姓。明治維新時，會津藩為何會抗拒到底的理由就在這裡。對會津藩來說，德川將軍家是祖先，是不能推翻的政權，即便明知打不過擁有西式武器的官軍，也得以卵擊石拼死應戰。

家光臨死前，一直拜託保科正之要保護即將繼任將軍的家綱。保科正之不但爽快承諾，也實際竭盡心力頂住幕府。

家光和家綱這兩代將軍的頂梁柱，正是那個「不是男人」的兒子，實在諷刺。

不過，若站在掌權人的立場來看，秀忠魄力十足，說不定比家康更有能力。

俗話說「一代創業，二代守業，三代敗家」，這個魔咒在德川家不管用。二代秀忠不但守住家業，還擴大規模入侵朝廷呢。

大奧掌權者——從奶娘身分登龍門的春日局

春日局名為阿福，是第三代將軍家光的奶娘。

阿福的父親是明智光秀[6]的重臣齋藤利三[7]，母親是稻葉良通[8]的女兒。倘若父親沒有參與「本能寺之變」，阿福長大後或許能嫁到大名家當大名夫人，無奈在她四歲那年，失去了父親。

阿福隨著母親逃離故鄉，過著避人耳目的日子。之後遷移至京都，十三歲時進入外祖母娘家的三条西家接受教育。三条西家是朝臣名門，阿福在此學習了京都公卿貴族的禮儀慣例以及書道、歌道、香道等各種藝文知識。

之後，又成為舅舅的養女，也就是母親娘家的稻葉家。稻葉家是美濃（岐阜縣）清水的武士望族，通曉和歌、連歌、茶道。阿福虛歲十七時，成為稻葉家義子的續弦。

公卿門第與武家門第的禮儀慣例完全不同，此時的阿福算是具備了朝臣公卿與武家門第雙方應有的教養。丈夫稻葉正成[9]

---

6 —— 明智光秀：あけち みつひで，Akechi Mitsuhide，「本能寺之變」主謀。1528-1582。

7 —— 齋藤利三：さいとう としみつ，Saitō Toshimitsu，明智光秀的重臣。1534-1582。

8 —— 稻葉良通：いなば よしみち，Inaba Youshimichi，戰國時代的武將，或稱稻葉一鐵，いなば いってつ，Inaba Ittetsu。1515-1589。

9 —— 稻葉正成：いなば まさなり，Inaba Masanari，戰國時代武將，幕府時代成為一萬石大名。1571-1628。

春日局

是小早川秀秋[10]的家臣，俸祿五萬石。倘若就此下去，阿福應該也能成為還算幸福的武家門第夫人。

偏偏命運作弄人，小早川秀秋於「關原之戰」後病逝，由於沒有子嗣，小早川家就此絕後，稻葉正成淪為浪人。此時的阿福二十五歲。

兩年後，產下四子不久的阿福，隻身離開夫家，寄居在京都娘家。

這一年七月，第二代將軍秀忠的次子竹千代，在江戶城內誕生。竹千代正是第三代將軍家光，而秀忠的長子已夭折。

當時的上流階級，通常僱用奶娘撫育孩子。阿福因剛生下四子，正好具有奶娘資格，通過甄選，成為竹千代的奶娘。為了進江戶城，阿福毅然與丈夫離婚，僅帶著長子一起前往江戶。至於阿福為何能通過甄選，又為何與丈夫離婚，至今仍有許多說法。

總之，阿福不惜拋夫棄子，決心進江戶城賭一把自己的後半生命運。

進了江戶城的阿福，不但讓自己的長子成為竹千代的侍童，也讓丈夫前妻的兒子成為侍童。竹千代的侍童當然不僅這兩名，總計約十名，這些侍童長大成人之後，將成為主君近臣。因此，阿福除了必須照顧竹千代和自己的兒

10 —— 小早川秀秋：こばやかわ ひであき，Kobayakawa Hideaki，戰國時代大名。1582-1602。

子、前妻的兒子，同時也要照顧其他侍童，算是眾侍童的養母。這點非常重要。

竹千代天生體質虛弱，心智發展也較遲，而且有口吃毛病，性格極為內向。這種孩子很難帶。

據說，竹千代十二歲時，因擔憂自己的將來，曾嘗試自殺，所幸阿福及時阻止。這段典故出自家光逝世三年後完成的《春日局譜略》，只是不知是真是假。

那時阿福三十七歲。按理說，主君斷奶後，雇主通常會開除奶娘，之後由指定的輔導者或監護者接手培育。但是，阿福沒有遭解僱，繼續留在竹千代身邊。或許身心不健全的竹千代離不開阿福吧。

竹千代長年癡迷舞蹈，更喜歡扮成女裝，繡衣朱履，連梳頭時都要照鏡子，對異性不感興趣。那些從侍童升為近侍的學友，沒人敢開口規勸。因為竹千代會徹底排斥諫勸者。例如，父親秀忠指定的教育者之一，不但經常訓斥竹千代這種愛好，有時還從竹千代手中奪走鏡子，扔到院子。

竹千代始終不聽勸導，為此，該教育者總是譴責竹千代身邊的近侍。近侍中包括阿福帶來的兒子，阿福當然心中不滿，但礙於身分不同，只能私下向竹千代大發牢騷。結果，竹千代登上將軍之座後，不但讓那名嘮三叨四的教育者減俸，更因為不想再看到對方的臉，乾脆命對方不用再進城上班，終生蟄居家中。

總之，竹千代任職將軍後，依舊熱中於舞蹈及女裝，喜歡同性，厭惡異性。

當時的舞蹈舞者，化妝和裝扮都很豔麗，相當於現代的視覺系樂團。那個時代仍殘留著戰國時代的男寵風氣。戰國時代的武將通常擁有男寵，對象是侍童。一般說來，武將侍童年齡在十四至十八歲左右，多是美少年，他們除了負責主君身邊瑣事，還包括床笫之歡，日後通常能成為主君近臣。也因此，雙性戀的武將不足為奇。

然而，竹千代並非雙性戀，他完全不接受異性，只愛美少年舞者。

竹千代成年後，改名為家光，二十歲時任職將軍，父親秀忠從本丸移至西之丸。同年年底，家光迎娶了京都朝臣關白的女兒孝子。孝子比家光年長兩歲。

但是，將軍家和朝臣貴族女兒結親的目的，是向天下表明德川家的威勢，並讓天下明白德川家與其他大名家的門第差距。也就是說，是一種徒具形式的婚姻。只要正室娘家是貴族名門，夫妻感情如何根本不成問題。

另一方面，京都的公卿貴族階級，經濟狀況大抵捉襟見肘，有不少人為求經濟支援，紛紛讓女兒下嫁武士門第。而武士門第中，居最高位的正是將軍家，只要讓女兒嫁過去，全家終生不愁衣食。說穿了，是一種變相的賣女兒行為。

家光對異性本來就毫無興趣，且知曉這是一種假結婚，因而對迢迢從京都嫁過來的孝子不以為意，看都不看一眼，而且也沒給孝子冊封「御台所」稱號。為此，四周人都稱孝子為「中之丸殿」。中之丸御殿位於本丸和北之丸之間，孝子被強迫分居，與隨從侍女住在一起。

儘管如此，家光逝世後，孝子仍從容地落髮為尼，法名本理院[11]。之後二十三年期間，雖一度前往京都拜見天皇，順便回娘家探望外，終生都關在大奧，享年七十三。

第一代御台所正是如此成了娘家的犧牲品，含苞未放地凋落。

※　※　※

話說回來，阿福撫育的人不僅家光一人，還包括自己的長子、繼子以及其他侍童。家光就任將軍時，德川政權已經著手鎖國及「參勤交代」等制度，往昔的侍童、學友成為將軍親信，為這些政策付出不少心力。既然將軍和左右近臣都視阿福為母親大人，阿福的勢力範圍也就可想而知。

---

11 —— 本理院：ほんりいん，Honriin，鷹司孝子，たかつかさ たかこ，Takatsukasa Takako。1602-1674。

將軍鷹獵。楊洲周延畫。

可是，阿福最大的煩惱是家光膝下猶虛，倘若讓家光繼續耽溺於男色，總有一天會發生後繼者相爭問題。

阿福前思後想，決定讓家光明瞭「異性也不錯」的道理。於是，一方面四處物色貌似美少年的女子，一方面整治大奧，頒布「大奧法度」，讓大奧制度化，成為將軍家側室的育苗溫室。

阿福最初為家光找來的側室，名為阿振，是石田三成[12]的曾孫。

對日本戰國史稍有知識的人，應該會嚇一跳吧。

我簡單說明一下，家光的生母阿江是著名的淺井三姊妹之一，長姊茶茶是豐臣秀吉的側室，母親是織田信長的妹妹阿市，父親是戰國大名淺井長政[13]。

織田信長滅掉了淺井長政，明智光秀再滅掉了織田信長，豐臣秀吉因此脫穎而出。之後，豐臣秀吉過世，德川家康總算熬出頭了。但豐臣秀吉的重臣石田三成為了不讓家康掌握天下，發動了「關原之戰」，結果敗在家康手下。

阿福的父親是明智光秀的重臣，不論就歷史恩怨來說，或就生母與奶

---

12 —— 石田三成：いしだ みつなり，Ishida Mitsunari，豐臣政權的五奉行之一。1560-1600。

13 —— 淺井長政：あざい ながまさ，Azai Nagamasa，戰國時代大名。1545-1573。

娘之間的過節來說，阿福與阿江都是死對頭。而阿福竟然找來石田三成的曾孫為家光開光點眼，並生下長女。

這筆帳，到底該怎麼算呢？原來大奧從一開始就是咒怨的集中營？

總之，家光是三十三歲時才成為人父。

接著，阿福又找來阿樂。阿福某天前往淺草參拜寺院，歸途在神田看到舊衣鋪的女兒，由於長相頗合家光口味，一眼便看中。阿樂當時十三歲，阿福先讓她進「吳服之間」當女縫工。

果不其然，家光在某次文藝會中聽到或看到阿樂唱搗麥歌，一見鍾情，便將阿樂納為側室。我猜，這肯定是阿福製造的機緣。

阿樂生下第四代將軍家綱，此時，家光已經三十八歲，阿福也六十有三。將軍的長子好不容易才出世，家光高興，阿福應該更喜悅。

之後，阿福又讓隨正室從京都進大奧的侍女成為家光側室，名為阿夏。阿夏生下綱重，正是第六代將軍家宣的父親。此時家光四十一歲。另一側室阿玉則在家光四十三歲時生下第五代將軍綱吉。

扳指算算，家光是三十三歲才成為人父，那麼，他應該是在三十二歲時才對異性開眼。直至他四十八歲去世之前，總計擁有八名側室、五子一女。

阿福沒有白費工夫，阿福功不可沒，阿福雖然在大奧賭上了自己的後半生，但賭得實在漂亮，名副其實的大贏家。

阿福於六十五歲過世。她臥病在床時，不肯服藥，也拒絕針灸。原來家光二十六歲患上天花時，阿福向天發誓，只要家光能痊癒，將終生不服藥。即便家光對她說「服藥也是一種效勞」，阿福依舊不肯服藥。

據說，阿福過世那天，家光整天不吃不喝，以表哀悼。

我想，阿福最幸福的事，應該是她比家光早逝吧。萬一家光先走一步，大奧的勢力版圖可能會改寫。

## ——秀忠的女兒——東福門院和子的悲哀——

千年前的平安時代，日本貴族競相讓女兒入宮當皇后或妃子，藉此成為皇室外戚，以鞏固自家權勢。

日本天皇自平安時代起便毫無任何權力，但天皇始終是最高權威的象徵，這和日本神

東福門院德川和子。

話有關，在此先略過不談。總之，即便貴族或武家擁有強大兵力及權勢，也沒人想篡位奪權，自己當天皇統治國家，萬一弄不好，導致民心反噬，反倒會致天下於大亂。最好的辦法就是成為皇室外戚，躲在天皇背後攝政。

德川家康當然也會如法砲製。慶長十二年（一六〇七）十月，秀忠的老婆大人阿江生下第五個女兒和子，家康馬上向朝廷進行活動，打算讓這個孫女入宮。此時，家康已在兩年前讓位給秀忠，於二月遷至駿府（靜岡市）。雖說已經退休，家康仍握有左右幕府的實權。

當時的家康有兩個頭大問題。一是豐臣秀吉過世後，兒子豐臣秀賴與生母仍不甘示弱堅守大坂，另一是京都朝廷對幕府深懷不滿。

對大坂那邊，家康早在四年前便送出七歲的第一個孫女千姬（和子的大姐），當作德川、豐臣和睦之策。雖然此策略在幕府軍攻擊大坂城滅掉豐臣氏那時便失去意義，但千姬和秀賴的婚約是在千姬出生第二年訂下的，那時秀吉還未過世。

如今，和子也將成為祖父家康的政策工具之一。

慶長十九年（一六一四）四月，朝廷總算發出讓和子入宮的非正式通知。如果事情順利進展，和子應當也會像大姊那般成為未滿十歲的小新娘。

可是，慶長十九年十一月及翌年五月，相繼發生「大坂冬之陣」[14]、「大坂夏之陣」。

元和二年（一六一六）四月，家康逝世；翌年八月，第一百零七代後陽成天皇[15]駕崩。直至元和四年，朝廷才決定讓和子於翌年入宮當妃子，並命幕府興建新宮殿。

和子婚事一拖再拖，這下總算搞定了，不料，繼任的後水尾天皇已有寵愛的女官，並在元和四年、五年接連生下一皇子一皇女。

這種事本來不足為奇，但對幕府來說，倘若和子於日後生下皇子，就會變成沒資格繼位的第二皇子。秀忠得知此事後，大發雷霆。

不，據說拍桌子大罵的人不是秀忠，而是秀忠的老婆大人阿江。

「怎麼可以讓我的女兒嫁給那種花心天皇？」

這個阿江實在可佩。她在嫁給秀忠之前已經有過兩次婚姻，而且生過一個女兒，年齡又比秀忠大六歲，就算她舅舅是織田信長，舅舅早已死了，她到底用什麼方法讓秀忠成為「賤好男人」丈夫呢？

話說回來，朝廷已發下准許和子入宮的通知，幕府也樂不可支向天下大打廣告，事到如今，怎能退婚呢？即便要退婚，也是心不甘情不願接受求婚的天皇那方有權退婚吧。無論如何，若婚事談不攏，雙方都會丟

---

14 —— 大坂冬の陣：おおさかふゆのじん，Ōsaka Fuyu no jin。發生於1614年11月至12月，是江戶幕府滅掉豐臣家的第一場戰役。與「大坂夏之陣」合稱為「大坂之役」。

15 —— 後陽成天皇：ごようぜいてんのう，Go-yōzei Tennō。1571-1617。

盡面子。

結果，幕府以天皇身邊的親信公卿帶壞天皇為由，配流了幾名公卿。

十四歲的和子終於在元和六年（一六二〇）六月，光鮮亮麗地坐上新娘轎子。

此時的後水尾天皇二十五歲。他於九年前即位，父親後陽成天皇因受不了幕府過度干涉，乾脆讓位以表憤恨。到了後水尾天皇這一代，家康對朝廷的態度益發專橫跋扈。不但於慶長十八年（一六一三）頒布「禁中並公家諸法度」，命天皇應當以研習學問為先，還規定天皇以下的朝臣該穿什麼服飾。同時規定大德寺、知恩院等七大寺院住持穿的紫衣（紫袈裟），在天皇宣敕之前必須先獲得幕府准許。

後水尾天皇讓心愛女官生下孩子一事，怎麼看也都不是幕府管得

後陽成天皇

著的私事。幕府卻以這事鳴鼓大噪，流配了天皇的親信。後水尾天皇氣得本來想退位，最終還是接受了和子。

就身分階級來說，天皇根本無意迎娶武士門第的女兒。雖然在平安時代後期有過平清盛[16]的女兒入宮當皇后之前例，但那也是讓其女兒先成為法皇的養女，才有資格入宮。平氏政權最後還不是被源氏滅亡了。

後水尾天皇

簡單說來，後水尾天皇是敵不過家康與幕府的強弓硬弩，才勉強答應迎娶武士門第的女兒和子。

處於這種立場的「新娘」，到底懷著什麼樣的心境坐上花轎子呢？既然年僅十四歲，又是在大奧成長，大概從來沒想過這類政治上的問題。

我們還是老老實實回到庶民身分來看這場熱鬧吧。畢竟老百

16——平清盛：たいら の きよもり，Taira no Kiyomori，平安時代後期的武將、公卿、政治家。1118-1181。

姓最愛看這種熱鬧。

※　※　※

當天清晨雖然下了一陣小雨，不久隨即雨過天晴，好一個抬轎日子。

將軍的女兒要入宮當天皇妃子，這是源氏滅掉平氏後，由武士門第掌權的鎌倉幕府開幕以來，第一次「公武合體」的大喜事。

「公武合體」說好聽點是幕府與朝廷握手和好，幕府對朝廷說「咱們共同執政」，骨子裡則是「我說什麼就是什麼，你們都要聽我的」。

老百姓才不管什麼「公武合體」，只要能看到裝載著日用器具和服飾品的豪華行列就行了。這豪華還真不是普通豪華，嫁妝行列從二条城排到皇宮大門，沿街擠滿了不分貴賤的京城人及遠近男女。

根據《德川實紀》，第一列嫁妝是一百六十只大長箱子，上午八點自二条城出發，行列共二十六，最後一列是五座衣裳櫃子，總計三百七十八箱行李。

跟在嫁妝行列後面的是上臈、中臈、侍女們乘坐的轎子，總計七十六頂。其他另有演奏宮廷古樂的四十五名伶人、騎馬在前面開道的殿上人（有資格謁見天皇的貴人）、幕府方面的侍從……多不勝數。之後，好不容易才出現一輛裝飾纖細柔美泥金畫，讓兩頭牛拉曳的富麗紫牛車。

哦，原來不是花轎子，是平安時代的皇室專用牛車。原來如此，花轎子是咱老百姓坐的啦。

擠在兩側路邊看熱鬧的咱們，當然看不到牛車內的新娘，也看不到轎子內的大奧女官。不過，牛車垂簾下飄出一股蘭花和麝香混合的香味，光聞這股馥郁芳香，就夠咱們心蕩神迷。

看不到新娘和女官倒也無妨，咱女人就是愛看騎在駿馬上的殿上人，可他們都是公卿貴族，長相大概粉粉綿綿，還是看幕府方面的侍從比較過癮。

據說幕府為了這起婚事，總計花費了七十萬石，相當於薩摩、仙台兩藩的一年份合計收入。

這起婚事雖然加深了幕府和朝廷之間的連帶關係，但換個角度來看，也強化了幕府對朝廷的監視。幕府以警備為由，送來大批武士常駐朝廷，並規定諸國大名不能隨意與朝廷接觸。此外，諸大名每年前往江戶參勤交代時，也不准穿行京都市內。簡單說來，藉由這

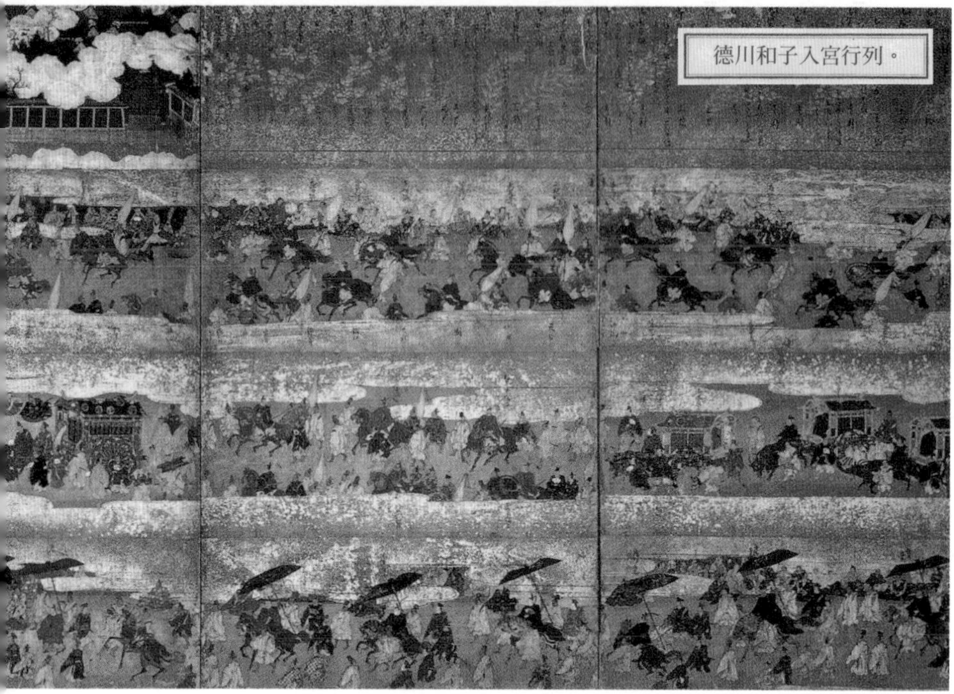

德川和子入宮行列。

起婚事，幕府完全奪走了朝廷的自由。

和子入宮三年半後，生下一皇女。這皇女是興子內親王，也正是日後的明正女天皇。翌年，和子升級為皇后。之後十年期間，和子總計生下二皇子、五皇女。從這點看來，和子與後水尾天皇夫妻倆感情還算不錯。以她的立場來說，即便夜夜守空閨也只能甘之若素。

※　※　※

秀忠退位三年後的寬永三年（一六二六），秀忠及第三代將軍家光相繼上京，九月六日在二条城迎入天皇、天皇的母親中和門院、皇后和子與皇女。天皇一行人在二条城逗留至九日，接受了竭盡奢侈的款待與禮品。對和子來說，這大概是她人生中最燦爛的四天，畢竟娘家擁有天下無敵的財富與權勢。

然而，咱老百姓認為是圓滿結局的這趟行幸及盛典，不過是幕府打算用財富和權勢籠絡朝廷的計策之一，離真正的「公武合體」差了十萬八千里。

令朝廷和幕府正面起衝突的導火線是寬永四年（一六二七）的「紫衣事件」。「紫衣」是高僧穿的袈裟，向來都由天皇敕封，換個說法，就是朝廷的統治範圍只剩寺院。

可是，秀忠早在十四年前便頒布了「天皇宣敕之前必須先獲得幕府准許」的法規，當時朝廷沒有反抗，默然接受。但為了前一年的二条城盛宴，秀忠派人前往京都進行事前準備，結果探聽出天皇違規的事實。

於是，秀忠下了「元和年號以後的敕旨均無效」之令，打算懲治所有沒有得到幕府准許的高僧。

「元和年號以後」表示後水尾天皇所發的敕旨，這對天皇來說是一種天大恥辱。但朝廷也只能屈服，取消了敕旨。天皇氣得打算讓位，這時的和子已於前一年生下一男子，天皇要是真的讓位，等於讓德川家的外孫登上皇位，正中秀忠下懷，因而幕府沒有阻止。

可和子的長子突然去世，而和子在這一年生下的次子也僅活了十天，幕府的策畫完全亂了套。正當後水尾天皇表示要讓位給興子內親王時，幕府竟然再度做出令天皇忍無可忍的事。

幕府打算等和子生下第三個皇子時，再逼迫天皇讓位，可天皇執意退位。幕府為了平息天皇的怒意，派來一名使者。這位使者正是家光的奶娘阿福。

阿福在江戶城受家光寵愛，掌管大奧，手中握有極大權力。但是，在朝廷眼中看來，阿福不過是一介武士門第的僕人。即便朝廷需要幕府的經濟援助，但讓一名僕人來當使者，這口怨氣教人如何吞得下？無論阿福在大奧擁有多大權勢，天皇怎麼可能接見一名沒有品官的老百姓呢？

但對方是將軍代理人，天皇最後不得不允許阿福進宮謁見，並賜予「春日局」之號及從三位官階。

一個月後，天皇做出復仇突擊行動，讓位給年僅七歲的興子內親王。這是自奈良時代後期第四十八代稱德天皇[17]（與第四十六代孝謙天皇[18]是同一人）以來，相隔八百五十餘年出現的女天皇——明正天皇。

由於天皇讓位，二十三歲的皇太后和子隨天皇出家成為女院，院號「東福門院」。和子總計生下五皇女，其中兩個皇女是成為女院後懷孕產下。也就是說，「紫衣事件」和「阿福事件」發生以後，天皇仍沒有虧待和子，至少在讓位後六年期間讓和子懷了兩次孕，那以後，和子便沒有再度懷孕。後水尾上皇則讓其他眾多內侍女官陸續生下三十多名皇子皇女。

和子於延寶六年（一六七八）拉下她七十二歲的人生帷幕，後水尾上皇於和子過世兩年後駕崩，享壽八十五。

和子過世時，據說，後水尾上皇一整天悲傷得出乎四周人意料之外。

我想，倘若和子的娘家不是將軍家，丈夫也不是天皇，他們夫妻倆的感情應該很好。就婚姻方面來說，和子應該既非幸福，也非不幸福吧。

---

17 —— 稱德天皇：しょうとくてんのう， Shōtoku Tennō。718-770。
18 —— 孝謙天皇：こうけんてんのう，Kōken Tennō。718-770。

## ——大奧怪談——絕對不能打開「宇治之間」的房門——

大奧是個龐大的密閉空間，為了防止外人入侵，女官住居各棟建築物屋頂上空，都用銅絲網相連。在外人眼裡看來，大奧確實像個鳥籠，裡面的女官則為籠中鳥。

活在沒有異性的世界，相當於活在色彩黯淡的世界，即便穿金戴銀，即便吃香喝辣，終究會感覺缺少了點什麼。

況且夜晚的大奧很黝暗，黑漆一團，靜謐無聲，就算鬼不願意上門，也會說鬼鬼到。也因此，大奧有許多怪談，而其中最有名的故事是「宇治之間」傳說。

「宇治之間」大約有二十五張榻榻米大，位於大奧深處，將軍臥室附近。以前似乎是御台所的臥室，但自從第五代將軍綱吉莫名死在這個房間後，房間便被釘死，直至幕末時期，從未打開過一次。

那房間的紙拉門畫著京都宇治的採茶光景，因而取名為「宇治之間」。明明是沒人用的房間，但江戶城每次因火災而重建時，都會復原那個房間，連紙拉門的彩畫也會重新製作。

德川時代貴婦人。楊洲周延畫。

綱吉過世七十年左右，江戶時代中期的歷史隨筆作家神澤杜口[19]，在其著作《翁草》中提到「宇治之間」緣由，同時代的儒學者太宰春台[20]也在其著作《三王外記》中提到此傳說。不過，事實真相如何，無人知曉。總之，這傳說在大奧流傳甚久，女官都深信不疑，否則房間不會一次又一次重蓋，然後一次又一次釘死。

話說第五代將軍那個時代，幕府閣員深恐日後發生繼任者爭奪戰，提出讓將軍挑選適當人選，指名為世子的建議。結果，綱吉打算收養側用人柳澤吉保[21]的兒子吉里[22]。

綱吉的兒子早夭，但不是也有家康制定的御三家嗎？御三家才是德川家直系子孫呀。為什麼不從御三家挑選繼任者，而打算讓毫無血緣關係的人登上將軍之座呢？原來綱吉深信柳澤吉保的側室染子所生的兒子，是自己的親骨肉。

綱吉非常寵愛柳澤吉保，專程前往柳澤邸的次數多達五十八次，於是，世間人懷疑這裡頭一定有文章，染子生的兒子肯定是將軍的私生子。將軍之所以頻頻出城前往柳澤邸，是為了與染子私通，染子甚

19 —— 神沢杜口：かんざわ とこう，Kanzawa Toko-。1710-1795。

20 —— 太宰春台：だざい しゅんだい，Dazai Shundai。1680-1747。

21 —— 柳沢吉保：やなぎさわ よしやす，Yanagisawa Yoshiyasu，綱吉的寵臣。1658-1714。

22 —— 柳沢吉里：やなぎさわ よしさと，Yanagisawa Yoshisato，柳澤吉保長子，江戶中期大名。1687-1745。

至要求將軍讓柳澤吉保升為一百萬石大名，並持有將軍的親筆詔令。

流言傳遍江戶大街小巷，甚至傳進江戶城內。

雖然綱吉於寶永元年（一七〇四）便已讓侄子家宣住進江戶城西之丸，不過，綱吉似乎打算廢掉家宣，讓自己的親骨肉柳澤吉里繼任。

耳聞此訊息的綱吉正室信子，氣得發狂。畢竟當時沒有親子鑑定技術，柳澤吉里到底是不是綱吉的親骨肉，根本無從證明，怎能廢掉家宣另立繼任者？

信子幾次勸告，但綱吉聽而不聞。

某日，決意說什麼也要讓綱吉回心轉意的信子，請綱吉前來自己的臥室「宇治之間」。

綱吉一進房間，信子便摟住綱吉，抽出懷中的護身刀，刺進綱吉胸部。在一旁待機的御年寄也過來摁住掙扎的綱吉，再讓信子刺進致命性的一刀。之後，信子用護身刀刺喉自盡，御年寄也隨後自戕。

發現異狀的家臣趕來後，只見房內躺著三具橫死屍體，榻榻米上血流成河。那以後，大奧女官都說「宇治之間會出現女幽靈」，沒人敢接近房間，於是，不知何時起，「宇治之間」便成為永遠緊閉的房間。

綱吉於寶永六年（一七〇九）一月十日逝世，沒幾天，江戶巷尾街頭即傳出「御台所刺殺了將軍，當場自盡」的傳言，眾人說得有聲有色，宛如親歷其境。

不過，幕府的記錄《德川實紀》否定綱吉死於非命，正史記載綱吉的死因是痲疹。

前一年秋季至冬季，江戶街坊流行痲疹。對當時的人來說，天花、痲疹、水痘是三大病魔，只要能撐過這三大疾病，相當於獲得了一張長壽保單。

根據記錄，綱吉於十二月二十五日舉行宴會，還親自表演能樂，在無人伴奏的情況下，單人既唱又舞。三天後出現病狀，但病狀輕微，年底時還舉行了病癒慶祝會。

不料，翌年一月十日，綱吉從早晨便說肚子痛，跑了好幾次廁所。最後一次從廁所返回臥室換衣服時，突然昏倒。親信在綱吉背後抱住綱吉，側室則驚得大吵大鬧。待大奧醫師趕到現場時，綱吉已經斷氣，享年六十四。

不可思議的是信子也在同一時期患上痲疹，在綱吉喪葬期間陷入病危狀態，於一個月後的二月七日咽氣，享年五十九。

僅僅一個月之間，將軍和御台所相繼過世，令世間人震驚不已，議論紛紛，說御台所與將軍其實在同一天過世，只是幕府隱藏事實，將兩人的忌日拉開而已。

也難怪世間人會如此說。因為信子與綱吉的生母感情不和，在大奧又沒有權勢，當時

柳澤吉保。一蓮寺藏，山梨縣指定文化財。

在大奧叱吒風雲的人是生下世子的側室，只是這個世子也僅活到五歲。

此外，據說信子的墳墓有一段期間都被罩上銅絲網。墳墓罩上銅絲網表示信子犯下滔天大罪，就算死了也不能免罪。

不過，這些描述都是民間傳說，並非有史料可以佐證，況且昔人的隨筆著作更不能視為正規史料，現代人只能當作一種昔日都市怪談而津津樂道。

可是，從當時的封建時代背景來看，德川家的正式文書中不可能留下「御台所刺殺將軍」之類的記述，因此也不能說此傳說完全是虛構故事。畢竟那個時代的大名或上流武士門第，有時為了保住世襲俸祿，會盡力隱藏戶主暴斃的消息，待家臣找到繼任者，辦好過繼手續後，才向幕府呈報主君過世的事實。

※　※　※

「宇治之間」成為大奧凶宅後，過了一百四十多年的嘉永六年（一八五三），某天夜晚，第十二代將軍家慶與一群御中臈走在大奧御殿走廊時，恰巧路過「宇治之間」。家慶看到有個身穿黑色禮服的老婦人，伏地跪坐在「宇治之間」門前，向將軍施禮。家慶開口問：

「那人是誰？」

「哪裡的哪一個人？」

「跪坐在宇治之間前的那個老婦人。」

所有御中臈都默不作聲，因為沒有人看見「那人」，但眾人內心都在尖叫「那人又出現了」。所幸御中臈之一靈機一動，回答：「那是吳服之間的人。」

家慶沒有再追問下去，但大奧本來就有個根深柢固的迷信，說只要「那人」出現，大奧便會發生不祥之事。果不其然，六月三日黑船來航，六月十六日家慶突然病倒，六月二十二日離開人世，享年六十一。據說死因是中暑。

然而，大奧女官沒有人相信將軍是因中暑而病倒，她們都認為是「那人」奪走了將軍的性命。「那人」已經在大奧出現過好幾次，只是有人看得見，有人看不見而已。將軍看見的那天，身邊明明有不少御中臈跟在身後，為何單單僅將軍一人看見了？

那麼，「那人」到底是誰呢？正是陪刺殺將軍的御台所在「宇治之間」自盡的御年寄。

德川家綱御台所。豐原國周畫。

御台所刺殺將軍一事，我們可以當作昔日的都市傳說，姑妄言之，姑妄聽之。但是，家慶看見「那人」的事似乎是事實。證言人是篤姬天璋院的御中臈，她在明治時代說出她在大奧經歷的各種事，江戶文化風俗研究家三田村鳶魚[23]歷經七年考據，於昭和初期一九三〇年出版了《御殿女中》，這段故事正收錄在此書中。

據說，「宇治之間」除去西邊廊子，三方都是紙拉門，紙拉門上畫著色彩鮮豔的京都宇治採茶風光。慶應四年（一八六八）四月，官軍官員接收江戶城時，打開「宇治之間」後，眾人均被那精彩生動的繪畫驚倒，目瞪口呆，說不出一句話。

※　※　※

最後再來一段八卦。

根據日本某醫師作家的說法，綱吉身高僅有一二四公分，亦即侏儒症。該作家提出此說法的根據是歷代將軍的牌位尺寸。

23 —— 三田村鳶魚：みたむら えんぎょ，Mitamura Engyo。1870-1952。

位於愛知縣岡崎市的大樹寺，安放著歷代將軍的牌位，據說牌位尺寸均按各將軍臨終前的身高製作而成。牌位尺寸依次為家康一五九公分，秀忠一六〇公分，家光一五七公分，家綱一五八公分……連未滿七歲即過世的年幼將軍家繼也有一三五公分，為何唯獨綱吉僅有一二四公分？

牌位尺寸與日後改葬歷代將軍遺骨時所調查的推算身高有落差，約相差五、六公分。但是，即便排位比實際身高矮五公分，綱吉未免過於矮小了吧？

從身高這點又延伸出綱吉可能具有異於常人的「性癖好」，才會頻頻前往柳澤邸與染子私通的說法。簡單說來，只有染子才能和綱吉同榻。

可是，綱吉在大奧不是也讓側室生了孩子嗎？

我們再來看看記載於《坎普法與德川綱吉》[24]的另一則資料。

坎普法[25]是德國醫師兼植物學者，於一六九〇年來日本就任醫官，在日本住了兩年，曾兩次進城謁見將軍。

《坎普法與德川綱吉》的作者是專門研究坎普法的史家，他在書中提到某位荷蘭商人於一六八〇年進城謁見將軍，不料竟碰見了將軍的小弟綱

24 ── 《坎普法與德川綱吉》：原文是 *Ein Lied fur den Shogun* 大作，《坎普法與德川綱吉》只是節譯。作者為 Bodart-Bailey,Beatrice M.。

25 ── 恩格柏特・坎普法：Engelbert Kaempfer，《日本誌》作者。1651-1716。

吉，綱吉還特地問了商人一行人的名字。

那位荷蘭商人對綱吉的印象是「年約二十七、八歲，是位風采堂堂的青年」。當時的綱吉實際年齡是三十五歲，只是在西洋人眼中看來，東方人外貌通常比實際年齡年輕。倘若綱吉的身高不到一三〇公分，荷蘭商人應該會描述為少年或孩童吧？

如此看來，綱吉的身高至少有一五五公分以上。那為何綱吉的牌位特別矮小？

追溯至此，我就情不自禁又想起「宇治之間」傳說。

或許，「宇治之間」傳說其實並非傳說，而是事實？由於事件過於驚人，相關人員才特地將牌位製作得那麼矮小？

總之，歷史八卦就是這麼有趣，可以讓後人無所顧忌地道東說西，順便賺一筆版稅或稿費。

## 一政治棋盤上的迷途羔羊——繪島．生島事件一

第六代將軍家宣的人生似乎可以用一個詞來形容——等待。

家宣是第三代將軍家光的孫子，第五代將軍綱吉的侄子。只因為生母身分低賤，父親

綱重在他出世後，即將他交給家臣撫養。日後，由於綱重沒有其他兒子，才接回九歲的家宣當世子。

第四代將軍家綱病危時，家宣也成為候補將軍之一，只是叔叔的血緣更接近家光，於是幕府決定讓綱吉登上將軍之座。

不知是不是因為家宣曾是競爭對象，綱吉不喜歡這個侄子。可是，綱吉也沒有兒子，只得收侄子為養子，讓他成為世子。也因此，家宣是四十三歲時才進入江戶城西之丸，四十八歲時就任將軍。

在德川十五代將軍中，僅就任年齡來說，家宣是最老的一個，無奈只在任三年便過世，繼任的第七代將軍是家繼，當時僅四歲（虛歲）。家繼原有兩個哥哥，卻都早夭。四歲么兒根本無法執政，輔弼之臣是家宣帶來的家臣。

第六代將軍，德川家宣。

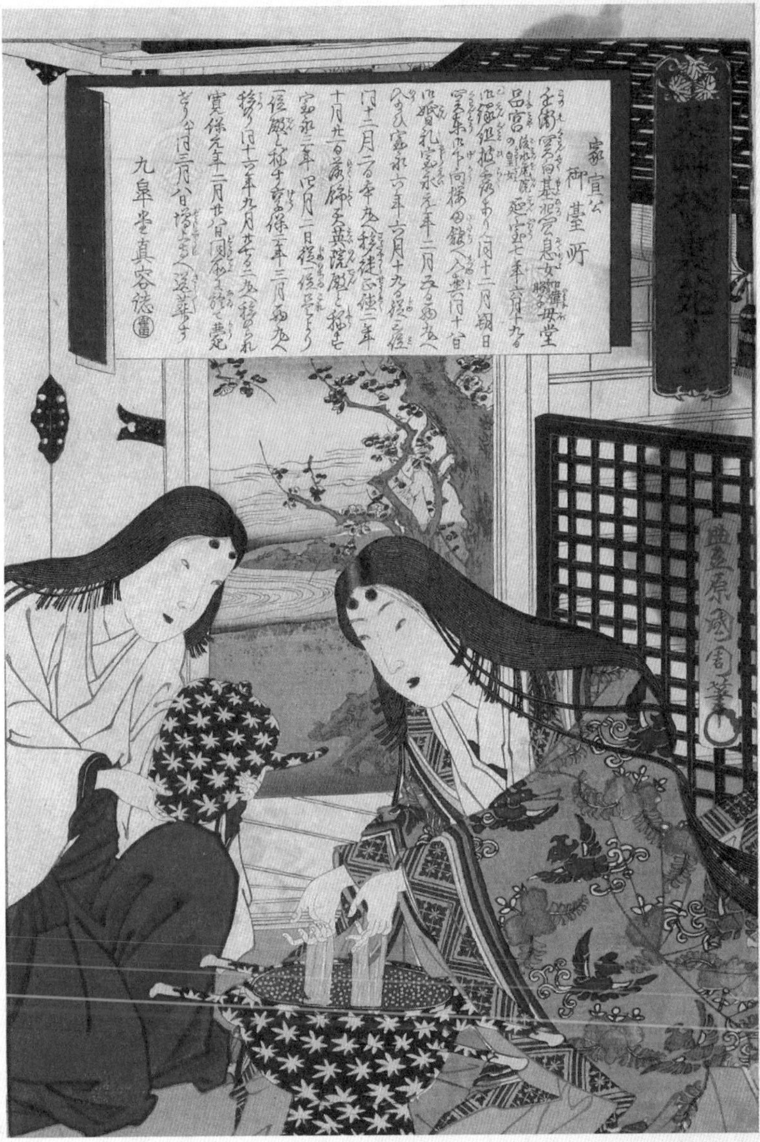


德川家宣御台所。豊原國周畫。

簡單說來，家宣雖是家康與家光的直系子孫，但他帶來的家臣相當於地方官，只因主君是將軍而成為幕府重臣，在幕府閣員中算是新興勢力。

家繼的輔弼之臣正是新興勢力派，以間部詮房[26]、新井白石[27]、本多忠良[28]三人為主，間部詮房和本多忠良是家宣的側用人、老中，新井白石則為侍講，這三人和家宣聯手進行了一連串改革政策。

家宣過世後，這三人也沒有利用年幼將軍而為所欲為，反倒因將軍權力太弱，頻頻遭其他保守派世襲大名抵拒，無法順利進行政治改革。

尤其家宣正室天英院和將軍生母月光院之間，權力鬥爭日趨劇烈，保守派世襲大名也就乾脆加入天英院派，不時干擾間部詮房等人發布的政策。

正室天英院的母親是內親王，父親是京都公卿，月光院則為庶民女兒。但月光院畢竟是將軍生母，在大奧權威極大。而且，四歲將軍對母親唯命是從，連每天送將軍回大奧的間部詮房也無法拒絕

---

26 —— 間部詮房：まなべ あきふさ，Manabe Akifusa，江戶時代中期大名。1666-1720。

27 —— 新井白石：あらい はくせき，Arai Hakuseki，江戶時代中期旗本、政治家、學者。1657-1725。

28 —— 本多忠良：ほんだ ただなが，Honda Tadanaga，江戶時代中期大名。1690-1751。

月光院的吩咐。

四十多歲的權臣和二十八、九歲的寡婦，如此親密的話，當然會謠言紛飛。據說當時的大奧漫無紀律，經常設宴飲酒作樂。

只是，施展權力的人是將軍生母月光院，隨意進出大奧的人是將軍親信（或稱保母比較適合），遭上一代將軍甩在一旁的保守派世襲閣員，皆敢怒而不敢言。

正室天英院也聽說了月光院行為不軌的謠傳，更知曉月光院身邊的御年寄等高級女官，經常以代理參拜寺院為由，出城到戲棚看戲，並接受御用商人的款待。但天英院也只能怒在心裡口難開，無可奈何。

如此，沒有出口的反感及嫉妒在大奧與內閣不停打旋。最後，反月光院派的眾女人和保守派世襲閣員聯手，將「繪島看戲事件」當作「女官與戲子私通事件」立案處理，這正是「繪島・生島事件」的政治背景。

※　※　※

事件發生過程大致如下。

第七代將軍，德川家繼。

正德四年一月十二日（一七一四年二月二十六日），大奧御年寄之一的繪島（亦稱「江島」），代理月光院出城為已故將軍家宣掃墓。家宣忌辰雖是十四日，但當天有眾多旗本代理也前往掃墓，因而提前兩天。同一天，另一名御年寄也要代理月光院參加第五代將軍綱吉的法會，於是兩人相約在歸途會合。

御年寄是掌管大奧的要職，代理參拜的行列也就浩浩蕩蕩。既然是將軍生母的代理，目的地當然是德川家靈廟的上野寬永寺或芝公園增上寺。而管理寬永寺和增上寺的寺院稱為神宮寺（別當寺），也就是基於當時的神佛合一政策，附屬在神社的佛教寺院之一。

神宮寺都很寬廣，房間數約有三十，和尚也多達十名以上。這些和尚中，有專門接待大奧女官的專職和尚，說話既有趣又很會款待女官，有時也會陪同女官一起去看戲。

當時，可以讓代理參拜的大奧女官玩個半天的寺院，據說僅限芝公園增上寺。繪島在參拜前一天向增上寺執事僧表示：「明天早晨將前往參拜，不用設宴，但希望你們安排看戲節目。」

然而，增上寺的回答是「辦不到」。

按當時的規矩來說，執事僧通常會絞盡腦汁安排各種餘興節目，以討大奧女官歡心。「辦不到」的回答令繪島勃然大怒。湊巧大奧御用布匹商後藤家的二掌櫃來到七之口，繪島立即命下級女官傳話，要後藤家於明日安排看戲節目。

當天，繪島和另一名御年寄辦完正事後，兩班人馬於會合點相聚，包括監察官，總計約一百名。大批人馬轎子聲勢赫赫地前往歌舞伎劇場「山村座」，高坐劇場二樓的貴賓席。看戲一事，繪島於事前已得到月光院許可。

「山村座」二樓貴賓席不但鋪上毛氈，也設有酒席。老闆和演員生島新五郎等人，都特地穿上正式禮服，逢迎色笑地款待繪島一行人。繪島似乎想讓眾女官抒發平日的緊張壓力，吩咐大家都不用客氣，盡興吃喝。結果，二樓吵得樓下觀眾聽不到戲劇結束後上演的狂言節目對白。

據說，同席的監察官曾向繪島告誡，卻遭到一頓斥罵。不僅如此，一樓觀眾席湊巧來了一對薩摩藩家臣夫婦，目睹二樓的喧鬧，遣人上樓指責二樓太放縱。監察官挺身出來賠罪，好不容易才打了個圓場。之後，繪島一行人便帶著眾多演員轉移陣地至茶館，玩得不亦樂乎。

當時的劇場和茶館密不可分，觀眾一面看戲，一面吃喝著茶館送來的飲食。售貨員行走在觀眾席間叫賣茶點或酒飯，有時也會發生醉漢揪扭事件，吵吵鬧鬧本來不是什麼罕事。但令監察官和薩摩藩家臣都怫然不悅的話，表示真的吵得過火了。

再且，當時的歌舞伎演員的副業包括賣淫，富家夫人讓演員做另類服務是眾所周知的事。因而，劇場通常設有自觀眾席通往後台，再從後台通往老闆住居的祕密通道。繪島等幾名高級女官到底有沒有走過這條祕密通道，如今已不得而知。

總之，繪島一行人於下午八點左右才抵達江戶城。按規定，代理參拜女官在下午兩點之前要回來，而一旦出城的女官，想回自己的房間時，必須通過兩個關口。其一是下午六點關門的御広敷大門，其二是下午四點關門的七之口。無論哪個關口，一行人都太晚了。不過，繪島似乎於事前已送出遲歸報告，另有一種說法是繪島在七之口與守衛爭辯，好不容易才通過關口。

第二天早晨，繪島在「山村座」囂鬧及晚歸消息傳到閣員老中耳裡，事情便鬧得不可收拾，繪島再如何掙扎，也百身莫贖了。

原來繪島在進大奧之前即和生島有了交情，起初可能只帶著一名侍女去看戲，不會觸犯到大奧法網。可是，進了大奧後，官愈做愈大，尤其在家繼就任將軍之後，背後有月光院替她撐腰，於是逐漸放膽妄為起來。另一個原因可能是遭神宮寺拒絕安排看戲節目，一時氣頭上令她失去了理智。

這一失足，竟讓天英院和保守派世襲閣員抓到把柄，大肆搜捕，嚴厲調查。結

德川家繼與女官玩遊戲。
月岡芳年畫。

果，查出大奧貨賄公行，布匹或雜貨批發商都透過賄賂而成為御用商。這點在現代其實也一樣，咱出錢，您出力，咱賺個和平國家口號，您贏個世界警察稱譽，大家心知肚明，沒有必要去捅開天窗。

這回繪島在「山村座」大玩特玩所花的費用，全部由一家木炭批發商包攬了下來。這家木炭批發商為了成為大奧御用商，自前一年就透過布匹商後藤家積極進行地下活動。木炭批發商當然知道繪島和生島倆的情事，早就跟「山村座」

談攏了。

繪島當時是大奧御年寄身分，她在幕府閣員的男性社會也擁有實權，甚至能過問老中和將軍親信的人事問題。而生島是戲子，雖然在庶民之間極有人氣，社會地位畢竟不高。況且，生島在接受拷問時，供出曾經藏在布匹商後藤家的長方形衣箱內，從七之口潛入大奧長局。

在身分制度嚴厲的江戶時代，女官和戲子的醜聞剛好可以成為幕府的最佳定罪罪名。一個月後，數十名大奧女官全被傳喚到江戶城御広敷，不但遭開除，還得乖乖守在家裡等待處分。數十名女官全是月光院派系，月光院為此而受到重挫，勢力嚴重下跌，大奧霸權移至天英院手中。

繪島本來被判死罪，經月光院求情，最終被判流放，讓信濃國（長野縣）南部的高遠藩負責看管。生島新五郎則被判流放三宅島，其他與此事相關的人均受連坐，繪島的哥哥罪刑最重，被判死刑。

繪島接受的刑罰是三天三夜都不准睡覺的拷問。可是，繪島始終否定與生島有過肉體關係。另一方面，生島新五郎接受的是在跪坐的大腿上持續增加岩石的毒刑。生島在繪島被逐出江戶城兩天後，即招出與繪島私通以及藏在衣箱潛進大奧的供詞。我懷疑這些供詞都是在拷問時經誘導詰問而得出的。

據說，保守派世襲閣員本來打算從繪島口中套出月光院和間部詮房私通的證言，只是繪島沒有招供，令保守派世襲閣員無從扳倒將軍身邊的新興派近臣。

※　※　※

繪島於正德四年（一七一四）三月離開江戶，當年三十四歲。抵達高遠藩時，幕府還特地囑咐「女傭一名，一天兩餐，每餐一湯一菜，茶水朝夕一次，夏穿葛布，冬著棉布，不准書寫，不准閱讀」。

兩年後，年幼將軍家繼過世，改元享保，第八代將軍吉宗上任。

吉宗以「繪島．生島事件」為鑑，制定了「大奧法度」，並規定女官進大奧時需提交血手印誓書。其中有一條守則很有趣，謂：「所有衣箱、行李、櫃子等，重量超過十貫（約三十七公斤半）以上的，均必須掀開蓋子進行檢查。」

重量限定在三十七公斤半的話，即便當時的男子身高很矮，恐怕也找不出體重在三十七公斤半以下的成人男子吧。

話說回來，享保四年（一七一九）十二月，繪島又被遷移至高遠城本丸西南方的宅子。那棟宅子面向院子的格子門全被釘死，不能自由出入，唯一的出入口又派了五名守衛監守，實質上是監獄。不過，據說在享保七年，高遠藩藩主讓江戶家老送出赦免請願書，翌年，總算得到幕府非正式的回覆，允許繪島可以出門散步，有時還可以進高遠城為女官開課，講授江戶禮度。

繪島在高遠藩住了二十七年，最後病逝，享年六十一。

繪島過世一百六十多年後的明治四十年（一九〇七），某鄉土史學家前往高遠蓮華寺尋找繪島的墳墓，尋遍四處，卻始終找不到。他打算歸去，無意中看到草叢中躺著一塊看似石碑的石塊，隨手扶起，才發現那正是繪島的墓碑。

時代再往後走，大正五年（一九一六）七月，作家田山花袋也前往高遠蓮華寺拜託住持讓他看繪島的墳墓。不料住持也忘了埋在哪裡，田山花袋只好爬到寺院後山，找了半天，才在一大堆被棄置的墓碑中找到刻著「信敬院妙立日如大姐」法名的繪島墓碑。

看來，當時因戲劇影響，繪島在東京雖赫赫有名，但在長野縣高遠町似乎沒沒無聞。目前長野縣伊那市立高遠町歷史博物館旁，有一棟復原的「繪島圍宅地」遺

大奧女官練習樂曲、狂言藝能。楊洲周延畫。

跡，可以讓觀光客參觀。

至於被流放三宅島的生島新五郎，據說在享保十八年（一七三三）獲吉宗赦免，返回江戶，翌年過世，享年七十三。另有一種說法，說他於六十三歲死在三宅島，墳地也設在三宅島。

## 俺是將軍的私生子
### ——「天一坊事件」——

累計拍了八百多集的日本電視時代連續劇《暴坊將軍》，是描述第八代將軍德川吉宗劇

除市井惡人的勸善懲惡故事。「天一坊事件」正是發生在吉宗時代。

事件本身其實也不是什麼驚天動地的案子，但藉由明治時代初期叫好又叫座的戲劇，以及明治時代中期上市的五十卷帝國文庫叢書收錄的《大岡政談》小說，「天一坊事件」便大紅大紫起來。

《大岡政談》類似中國的包公辦案故事，主角是吉宗時代的江戶町奉行大岡越前（大岡忠相[29]）。不過，這些故事均在幕末時期與明治時代誕生，是說書人和歌舞伎劇作家從各種書籍找出題材，再潤色改編而成的虛構故事。

也因此，《大岡政談》沒有所謂的原作者，其實在江戶時代的租書店便已存在著各種抄本，膾炙人口。江戶時代的《大岡政談》內容有些改編自中國的小說，有些則為其他奉行主審的佳話。

---

29 —— 大岡忠相：おおおか ただすけ，Ōoka Tadasuke，1677-1752。

雖然《大岡政談》大部分是虛構故事，不過裡面有許多關於江戶民眾的風俗描述，對研究江戶史的史家來說，也是具有其史料價值。

「天一坊事件」在史實上並非大岡越前的案子，因為案發地點的品川宿驛位於江戶府外，不是町奉行的管轄地區。品川是在一七八八年以後才合併於府內，而案件發生那時，大岡越前早在三十多年前過世。

總之，戲劇或說書人講的內容大致如下。

話說德川御三家之一的紀州（和歌山縣）德川氏領地，有個和尚殺死了某個持有將軍吉宗私生子遺物的老太婆，奪走遺物。帶著遺物的和尚與一批惡徒前往江戶後，和尚自稱是吉宗的私生子「天一坊」。

大岡越前聽聞消息，前去暗訪，覺得這和尚長得獐頭鼠目，毫無將軍子嗣的氣派。但是，幕府老中不聽大岡越前的投訴，將軍甚至大怒，命大岡越前閉門思過。大岡越前違命偷溜了出來，擅自進行搜查。倘若幕府得知此事，大岡越前必得接受切腹懲罰。

劇情中，大岡越前與天一坊屬下的辯才展開一場辯論，這場辯論正是戲劇高潮處。結果大岡越前被駁倒，陷入危境。

另一方面，大岡越前派遣的心腹在紀州也查不出任何反駁證據，於是，大岡越前只得向妻子兒女來一場心碎的今生告別。所幸心腹在千鈞一髮之際趕來，亮出天一坊一幫人作假的證據，最後那個辯才自盡身亡，天一坊也被判死罪。

結局圓滿，台下的觀眾或聽眾也呼出一口大氣，繼而鼓掌叫好。

※　※　※

那麼，史實到底是怎樣的案件呢？《德川實紀》記述如下。

話說有個名為「改行」的修驗者，自稱是「源氏坊義種」。所謂修驗者是在山野中修行的僧侶，通常不剃髮，外貌半僧半俗。他四處吹噓，說他母親在紀州藩某藩士家當女傭時，讓老爺相中，後來因懷孕而回老家，生下一男子。這男子正是修驗者改行。改行誕生那年，吉宗正值十六歲，可能性非常大。

改行四歲那年，隨母親前往江戶，寄居在舅舅的寺院。後來母親再嫁，天一坊隨母親在繼父家長大。十四歲時，母親過世，改行再度回到舅舅的寺院，繼任住持。可是，寺院遭火災燒毀，改行只得成為某修驗者的弟子。到此為止，改行說的都是事實。

他又向師父說，他母親於生前經常告誡他，說他生父是紀州藩頗有地位的人，與源氏有血緣關係，他是武家門第的私生子，所以舉止行為都要像個武士，不能胡作非為。出生證據都交給舅舅保管，舅舅給他了取了「源氏坊天一」這個名字。可是，寺院遭火災時，出生證據也一起燒掉了。

雖然改行從來沒有向人說過自己是吉宗的私生子，但說著說著，不知何時起，四周竟聚集了許多因失去主君而四處流浪的武士浪人。

原來當時只要一提起「源氏」，指的就是德川家康，而在紀州與德川家康有血緣關係的武士門第，只有御三家之一的紀州德川氏，也就是現任將軍吉宗。失去主君而踏破鐵鞋四處尋求職場的浪人，聽到此風聞，當然會如蟻附羶，一個接一個跑來。因為天一坊若成為大名，他們即可恢復武士身分。

後來，有一名中年浪人告到關東郡官府，郡長命人調查，果真有這麼一回事。可是，由於事關重大，郡長無法獨力處理，便又呈報上司，也就是掌管幕府財政和江戶府外訴訟的奉行。

奉行也覺得事情嚴重，向幕府老中報告事情的來龍去脈。老中一聽，再想起吉宗進江

江戸町奉行大岡越前。豊原國周畫。

戶城之前與之後的各種風流話靶，暗想，或許有這個可能，於是偷偷稟告吉宗。不料，吉宗聽了後，只是面呈難色，既不肯定也不否認。這下，連老中也不敢輕舉妄動，暗中派人調查，花了半年多時日，最後大概得到確鑿證據，才下令捉拿一黨。

結果，天一坊被判死罪，主謀三人被判流放孤島，那些趨之若鶩的浪人則統統被趕出江戶，以免日後聚眾滋事。

天一坊被判死罪時，年僅三十一。可憐的和尚，他從來沒說過他是吉宗的私生子，而且，《德川實紀》也記載他母親確實是紀州德川家的女傭。這麼說來，天一坊的生父即便不是吉宗，也很有可能是紀州藩某高級武士，只不過幕府老中派人前往紀州藩進行調查時，遭該武士門第否認了吧。

倘若天一坊沒有冠「源氏」這個頭銜，那些浪人就不會結聚，事情也不會鬧到如此嚴重，天一坊至少可以保住一條性命。

而幕府閣員在接到報告後，為何會花了半年多才下令捉拿一黨人呢？說來說去，終歸一句話：吉宗太好色了。

※　　※　　※

紀州藩第二代藩主德川光貞[30]是德川家康的孫子，他和一般偏愛美女的藩主不同，特別喜歡力大無窮的女子。某天，光貞在院子的大鐵鍋泡澡時，有個負責燒水的女傭提著兩大把柴火來到爐口。女子身材高大，體格如相撲力士，光貞看著看著，突然想到，這女子或許能給他生下一個壯寶寶。當天夜晚，光貞立即命該女子過來同房。

眾家臣聽了後，一籌莫展，因為沒人知曉該女子的出身來歷，有人說她是西國巡禮者生下的私生子，也有人說她是農村孩子，更有人說她是京都小商家的女兒。出身來歷不明的女子，怎能和藩主共枕呢？更何況她是個燒柴女傭。只是，老爺一聲令下，家臣也只能唯命是從。

燒柴女傭果然生下一個壯寶寶，對藩主來說，是第四個兒子，也就是日後的吉宗。由於生母身分太低賤，吉宗一落地，藩主便將吉宗交給家老撫養。

吉宗十四歲時，第五代將軍綱吉曾蒞臨江戶紀伊邸。那時，光貞的長子和三子（次子早夭）都與父親並列同席，唯獨吉宗在隔壁房伏地叩拜。這表示吉宗的身分地位確實比兄長矮了大半截。所幸紀伊邸家老關照有方，讓吉宗謁見了將軍。

30——德川光貞：とくがわ みつさだ，Tokugawa Mitsusada。1627-1705。

之後，在將軍綱吉的安排下，吉宗成為越前（福井縣）丹生三萬石藩主。越前丹生是北陸雪國，實際收入不及一萬石。為了適應當地的貧困生活，吉宗自此養成儉樸習慣，穿棉衣棉褲，整天騎馬致力於武術。

吉宗二十二歲那年五月，紀州藩第三代藩主長兄逝世，由二哥接任藩主，可這個新藩主也在同年九月病逝，紀州德川家再也沒有其他繼任者了。於是，燒柴女傭生下的兒子便從丹生三萬石藩主，一躍成為五十五萬五千石的紀州藩藩主，亦是德川御三家之一。

儘管如此，吉宗依舊厲行節約，他穿的跟下級藩士毫無兩樣。電視時代連續劇《暴坊將軍》的吉宗，不會被老百姓看穿身分的理由之一也在這裡，編劇組不用煩惱該讓飾演吉宗的松平健穿什麼衣服。

話說回來，前往紀州掌管政務的吉宗，為了償還藩國向幕府欠下的龐大債務，凡事省儉得近乎吝嗇，而且為了聆聽老百姓的訴苦，還在城門外設置了訴訟箱。後來吉宗登上將軍之座後，也在江戶城門外設置了訴訟箱。

吉宗進入紀州不久，正室便因流產而過世。沒有正室的吉宗接二連三納入側室，為吉宗生下兒子。吉宗的異性口味也跟他父親一樣，偏愛健壯女子。

這時，年幼的第七代將軍家繼過世，德川御三家的尾張德川氏（愛知縣名古屋）、水戶德川氏（茨城縣水戶），以及江戶城大奧均推薦吉宗就任將軍。

如此，三十三歲的吉宗成為第八代將軍。這大概就是所謂的命中注定吧。

新官上任三把火，吉宗一上任，就轟走了左右幕府政權的間部詮房、本多忠良、新井白石等人，並大刀闊斧改革大奧陋習，且進行了一連串的行政革新措施，史稱「享保改革」，獲得了幕府中興之主美譽。

只是，自古英雄皆好色，吉宗也不例外。

據說，吉宗和家繼的生母月光院有不尋常的深交。按宗族家譜來說，月光院是吉宗的祖母，但年齡小吉宗一歲，而且長得很美。儘管吉宗不在乎女子外貌，說不定也難逃「日久生情」的陷阱。巧得是，月光院小吉宗一歲，連歿年也僅比吉宗晚了一年而已。

此外，吉宗和養女竹姬的羅曼史也很有名。

竹姬是第五代將軍綱吉的養女，年齡小吉宗二十一歲。在血緣上，吉宗和竹姬其實可以成親，但在家譜上，竹姬算是吉宗的姑祖母。吉宗本來打算讓竹姬成為繼室，但天英院堅決反對，不得已才收竹姬為養女。竹姬成為吉宗的養女後，這回輪到月光院出面，說一定要把竹姬嫁出去。可憐的吉宗，無法和心上人結緣也就算了，竟然還要以父親身分幫竹姬找夫家。竹姬最後成為薩摩藩藩主繼室，在鹿兒島度過後半生，享年六十八。

這些風流韻事都收錄在三田村鳶魚著作的《公方大人故事》中，作者給吉宗下的標題是「不良將軍吉宗」。

由此可見，吉宗的異性關係很亂。進了江戶城就任將軍以後都這麼亂了，倘若再追溯到紀州藩藩主時代、越前丹生藩藩主時代……不要說一個了，就算出現十個「天一坊」也不足為奇。

難怪在幕府老中私下問吉宗這件事時，吉宗只能「面呈難色」，一句話也說不出。

# 大奧的終結

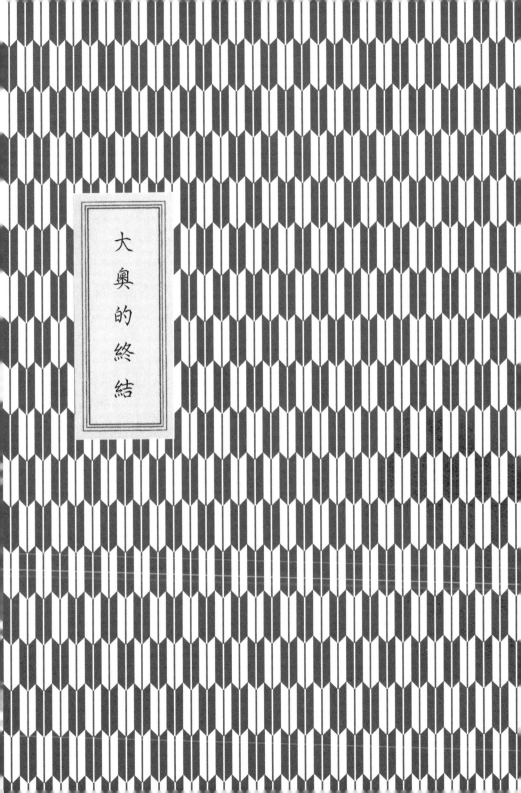

吉宗的血脈——御三卿

第八代將軍吉宗於三十三歲就任將軍，但他直至六十二歲才讓位，那時嫡子家重[1]已經三十四歲。吉宗退位後，在西之丸仍掌握幕府實權，親自執政。之所以如此，是因為家重似乎患有腦性麻痺，說話不清晰，沒有人聽得懂他在說什麼。而且似乎沉湎於酒色，終日窩在大奧，令吉宗頭痛不已。

吉宗竭盡心思想培育這位繼任將軍，例如帶他一起出城鷹獵，讓他鍛鍊身體，或讓他見習訴訟，學習該如何解決問題，甚至請來當代第一流儒學者當家庭教師。

然而，家重對儒學和武藝完全不感興趣，說話時也僅有一名侍童大岡忠光[2]聽得懂他在說什麼。但他非常喜愛能樂，從這點看來，他可能只是因行動不便而厭惡武藝，因語言障礙而不喜上課而已。能樂在江戶時代已經是古典文藝之一，觀看能樂的人，若缺乏《源氏物語》及平安時代古典文學的造詣，根本看不懂，遑論欣賞。

總之，不但父親吉宗，幕府閣員也對這位世子的前途感到不安，大部分

1——德川家重：とくがわ いえしげ，Tokugawa Ieshige。1712-1761。

2——大岡忠光：おおおか ただみつ，Ōoka Tadamitsu。1709（1712?）-1760。

第九代將軍，德川家重。

人都推舉才能兼備的次子宗武[3]繼任將軍。吉宗苦惱了許久，最終還是決定堅守長幼有序的原則，讓家重繼任第九代將軍，自己則移到西之丸當幕後掌權者。

幸好家重身邊有個聽得懂他說話內容的大岡忠光。大岡忠光是大岡忠相的遠親，非常能幹。對家重來說，於公於私都少不了大岡忠光。

如此，在父親吉宗以及大岡忠光的協助下，家重才能終其將軍職務。

家重一登上將軍之位，立即做出驚動世間的行動。他突然罷免了吉宗時代的老中首席。這個老中首席精明能幹，在吉宗施行「享保改革」期間，大顯身手，人望很高。結果不但遭罷免，連宅邸也被沒收。

雖然表面上的罷免理由是該人作威作福之類，但真正理由其實是吉宗進行的改革不得民心，可又不能責怪吉宗，乾脆讓老中首席承擔全部責任。另一個水面下的理由是該人打算擁立次子宗武繼位，但吉宗不能打破家康制定的長子繼承慣例，若打破慣例，日後萬一每個將軍兒子的家臣都想擁立自己的主子繼任將軍，幕府只會步上滅亡之途。

家重不但罷免老中首席，甚至禁止弟弟宗武進城，命他蟄居。由這點看來，家重的腦筋不但沒有毛病，反倒很聰明。畢竟連我這個政治白痴也明白，倘

3 —— 德川宗武：とくがわ むねたけ，Tokugawa Munetake。1716-1771。

若因私情而留下打算擁立次子的老中首席和弟弟，說不定他們哪天又會舉起造反之旗。換個角度來看，家重排斥儒學，或許是正確選擇。

而吉宗移至西之丸之後，一方面進行政務，輔助家重，另一方面也親手撫育家重的長子竹千代，並向孫子講授帝王學。那是因為兒子家重有語言障礙，沒辦法聽父親講授帝王學，吉宗只能諄諄教導孫子。

不過，吉宗最掛念的還是次子宗武的將來。宗武曾與長兄角逐繼嗣之位，如今不但被三振出局，還被禁止進城並蟄居。這類因爭奪權力而造成兄弟骨肉相殘的前例太多了，吉宗擔心自己死後，家重可能會讓弟弟步上自戕之路。為了保全次子的性命，吉宗乾脆來一招快刀斬亂麻，另立與「御三家」抗衡的「御三卿」。

所謂「御三家」，是德川家康於晚年時，擔憂將軍家若無子嗣，幕府很可能無法存續，因而讓九子、十子、十一子另立門戶，也就是尾張德川家、紀州德川家、水戶德川家。意思是，倘若將軍嫡系沒有繼任者，就從「御三家」挑出適當人選。吉宗正是出自「御三家」的紀州德川家。

「御三家」擁有與諸大名劃清界線的特權。只是，到了吉宗這一代，「御三家」和將軍家的血緣已相當疏遠，確實有必要另立繼任門戶。

吉宗的絕招就是讓次子宗武和四子宗尹[4]在城內另立門戶，亦即田安家和一橋家。吉宗過世後，家重又讓自己的次子另立清水家，「御三卿」便如此成立。

「御三卿」和「御三家」的差異，在於前者並非獨立大名，而且血緣比後者更接近將軍家。換句話說，地位相當於將軍家人，且是繼嗣門第。俸祿十萬石，卻由於不是獨立大名，沒有領地也沒有領民，門第政務由幕府官員掌管。

當時的幕府苦於財政不足，缺乏財力讓次子以下的男子成為獨立大名，只能讓他們住在江戶城內。為此，「御三卿」即便沒有戶主，也不會斷絕家門，但除了將軍家長子，所有男子都算是寄人籬下的立場，直至他們成為其他大名家的養子。

吉宗這一招不但救了次子的性命，也讓自己的家系獨占了將軍職位。例如第十一代將軍家齊和第十五代將軍慶喜，都出自一橋家。不過，慶喜原本出身於「御三家」之一的水戶家，後來才繼承了一橋家。

除了慶喜，其他將軍都是吉宗的子孫。

4——德川宗尹：とくがわ むねただ，Tokugawa Munetada。1721-1765。

## 第十代將軍家治的政治

「鎖國」是德川幕府的基本政策之一，在第三代將軍家光時代，幕府便同時進行了基督教禁令與海外貿易統一政策，達成了鎖國目的。

但是，也並非完全斷絕海外貿易。幕府規定以長崎為窗口，中國人必須住在唐人公館，荷蘭人必須住在扇形人工島出島。通過這些外國商船，幕府仍然可以獲得各種海外資訊。此外，長崎縣對馬市的對馬藩與朝鮮，鹿兒島的薩摩藩與琉球，北海道松前郡松前藩與阿伊努族人，都在進行貿易。

每逢幕府將軍換代，朝鮮宮廷都會派遣慶賀通信使團前來，展開一場通信使外交。而幕府這方則為了提高權威，會極力將遣日韓使宣傳為朝貢使節團，舉國歡迎。朝鮮宮廷大概也明

第十代將軍，德川家治。

白這點，每次都會送出四百人以上的大規模通信使團，顯示李氏朝鮮的威嚴及自國的文化優越性。

琉球王國在幕府將軍換代時，也會派遣使節團前來，但薩摩藩私自掌控了琉球王國，通過琉球，積極與清國進行走私貿易。

第八代將軍吉宗為了鼓勵國人學習應用科學，除了基督教書籍依舊不能進口外，解除了所有洋書禁令。此政策，不但促進了日本國內的醫學、天文曆法學等研究，也讓西方人的合理性思考方式與自由平等思想傳入日本。這些非物質性的文化思想都在幕末時期開花結果，給日本帶來很大影響。

※　※　※

家重的嫡子家治[5]在祖父吉宗的期待和薰陶下成長，於寶曆十年（一七六〇）就任第十代將軍職位。由於父親家重留下「務必重用田沼意次[6]」的遺言，因此家治沒有進行人事大調動，甚至命田沼意次擔任將軍親信最高職位的側用人。

5 —— 德川家治：とくがわ いえはる，Tokugawa Ieharu。1737-1786。

6 —— 田沼意次：たぬま おきつぐ，Tanuma Okitsugu，江戶幕府老中。1719-1788。

田沼意次原為家重的侍童，之後成為將軍近臣，繼而晉升為大名，這已經算是破格的發跡例子。將軍換代後，他又繼續留任，甚至成為幕府掌權人，仕宦之途順利得令人眼紅。

家治大概也明白祖父的節約政治造成全國慢性化經濟閉塞，並看穿田沼意次是個有能力活化經濟的臣子，才遵從父親的遺言。

田沼意次陸續施行的政策，與過去的政治風向完全不同，在日本史被稱為「田沼時代」，也就是家治將軍時代。田沼意次認為，吉宗施行的節約令無法拯救瀕臨破產的幕府財政，於是來個一百八十度急轉彎，以重商主義為根基，積極施行了一連串可以促進國內經濟發展，並增加稅收的政策。

為此，幕府也積極踏入至此為止不屑一顧的商業世界。不但實施專賣制，設置同業公會，統一貨幣，擴大生產流通，也不忘緊緊徵收營業稅。如此讓經濟整體活性化後，幕府也就能增加稅收。

田沼意次為了增加稅收，其次著手的是貿易。他向清國大量出口魚翅、鮑魚等水產加工品，解決了兩國貿易平衡問題；又提出開拓蝦夷地（北海道）企畫，實際也派遣出大規模的北方探測團，打算通過阿伊努族人和俄羅斯進行貿易。北方探測團帶回來的報告是蝦夷地有廣大的農耕地，但沒有人開墾。田沼意次計畫開發蝦夷地，並將蝦夷地列為幕府直轄地。

　而且，他又將標的指向印旛沼（千葉縣西北部）排水開墾，不過，目的不在擴大農地，而是開發從利根川進入江戶的海上運輸流通航線。如此，田沼意次接二連三進行改變幕府經濟體制的劃時代政策，無奈，印旛沼在開發工程途中遭大洪水襲擊而受挫，蝦夷開發計畫也因田沼本人下台而擱淺。

將軍鷹獵。楊洲周延畫。

以現代人眼光來看，再看看現代的北海道和千葉縣印幡沼那一帶，北海道不但成為全球的著名觀光地區，印幡沼的成田市甚至建設了國際機場，兩地都熱鬧非凡。就我個人觀點看去，我也認為田沼意次確實很能幹，具有先見之明。他的最大功績，應該是讓幕府稅收從農民貢米擴大至商業世界吧。

然而，跟隨重商主義政策而來的是商業賄賂問題，其他如農村荒廢、高利貸等弊端也不少，甚至導致田沼意次的長子田沼意知[7]在江戶城遭謀殺。幕府那些反田沼派的閣員，行動也愈演愈激烈，最後，田沼意次因將軍家治暴斃而下台。

當時的荷蘭東印度公司總督伊薩克・蒂進[8]留下記載：「田沼意知的謀殺事件是幕府閣員勢力鬥爭的第一步，井底之蛙的幕府首腦中，唯有田沼意知一人關心國家的將來。他的死，令即將實現的開

---

7 —— 田沼意知：たぬま おきとも，Tanuma Okitomo，江戶幕府重臣。1749-1784。

8 —— 伊薩克・蒂進：Isaac Titsingh，駐日期間曾謁見將軍家治，之後又成為駐華荷蘭大使，參與乾隆帝的登基六十周年慶典，並受乾隆帝接見。1745-1712。

國之路完全被封鎖。」

至於曾接受帝王學教育的將軍家治本人，起初和田沼意次一起賣力進行改革，後來因世子暴斃，對政治失去興趣，最後沉迷於繪畫與象棋嗜好，成天泡在大奧，完全遠離政治舞台。

## ——家基、家治毒殺事件——

家基[9]本為家治的繼任者，生母雖是側室，但呱呱墮地後即成為御台所的養子。他在大奧接受了將軍繼任者應受的所有教育，成長為智勇雙全的世子。

集眾人期待於一身的家基，竟然在十八歲（滿十六歲）死於非命。不僅家基，連父親家治也同樣非理就終，難怪世間會議論紛紛，說他們父子倆都遭人毒殺。

現代人很喜歡這類歷史八卦，歷史迷更愛玩這類歷史推理遊戲，於是在不同時代分別出現許多不同見解，眾人都在揣測這兩起案件的真兇到底是誰。暗殺背後必有動機，我們先來看看家基的案件。

9——德川家基：とくがわ いえもと，Tokugawa Iemoto。1762-1779。

家基很喜歡鷹獵，在暴斃那一年（一七七九）一月，兩次出城前往現為江戶川區的小松川和二之江狩獵，二月又在目黑騎馬奔馳，同年二月的二十二日，跑到離品川宿驛更遠處的新井宿驛（埼玉縣川口市）鷹獵。如此蹦蹦跳跳的少年，歸途順路前往品川東海寺休息，之後起駕回江戶城西之丸。不料，還未抵達江戶，坐在轎子內的家基突然呻吟不已。

行列停止步伐，暫且在某商家憩息。隨行侍醫調製藥劑給家基服用，卻全然無效。家基上吐下瀉，症狀越發嚴重。待家基稍微好轉後，眾人立即趕回江戶城，但回到西之丸的家基依舊痛苦不堪。將軍家治只能遣人趕往寺院命高僧念經誦咒。

然而，即便眾人拚命照顧，即便高僧連夜念經，也都枉然。第三天清晨，家基就歸天了。家基的生母認為是田沼意次命隨行侍醫下了毒。隨行侍醫負責管理家基出城後的飲食，確實有機會在茶水中下毒。

當時最常用的毒藥是一種俗稱「豆斑貓」（豆芫菁）的昆蟲體液，味道淡薄，微量即可致死，據說用的正是這種毒藥。

但是，兇手若是田沼意次，那他的動機到底是什麼呢？

原來十八歲的世子家基已經具有判斷政治是非的能力，正如現代某些滿十六歲的高一男生，會以批判眼光觀察父母言行那般。家基對田沼意次施行的政策心懷不滿，幕府那些世襲保守派閣員便聚集在世子身邊。田沼意次擔憂聰明的家基若登上將軍之位，恐怕會站不住腳。

總之，家基的噩耗令父親家治大受打擊。家治本來有二子二女，除了家基平安成長，其他都早夭，御台所也在八年前過世。現在又失去唯一的兒子，等於沒有繼任者了，家治悲嘆得食不下咽，對政治更提不起勁，於是將所有政務託付給田沼意次，自己則躲進繪畫、象棋的世界。

將軍失去了繼任者，「御三卿」一橋家、田安家、清水家為了爭奪將軍世子這塊大餅，自然會明爭暗鬥、爾虞我詐，任何手段都耍得出。這其中到底發生了多少恩怨是非，大概除了天知地知，咱們一概不知吧。

最後，由於田沼意次的弟弟是一橋家家老，田沼意次終於說服了躺在病床中的家治，於天明元年（一七八一）閏五月，讓一橋家的九歲長子成為世子，住進江戶城西之丸。這位世子正是第十一代將軍家

德川家治長子，德川家基。

齊，也是歷代將軍中最爛的一個，後人戲稱他為「海狗將軍」。

家治則在天明六年（一七八六）八月過世，享年五十。不過，《德川實紀》記載為九月，死因是腳氣病。有關家治的死因，也是風言風語滿天飛。

※　※　※

家治過世那年三月，雙腳便出現浮腫症狀，但那時仍算輕症，並非重病。同年八月初起，浮腫症狀變得非常顯眼，侍醫診斷為腳氣病。若是現代，可能會被判斷為腎臟病或心臟病，但當時這種病都被診斷為腳氣病。

起初，由侍醫長負責調配藥物，可完全不見好轉。之後，讓大奧醫師負責看病。八月十五日，家治患上熱感冒，雙腳無法站立，為此，自就任將軍以來，首次無法出席大奧總召見。

前面提過家治因沉迷於嗜好，整天泡在大奧，這種將軍竟然在大奧總召見時缺席，後知後覺的大奧女官終於驚覺，原來將軍病情惡化得很嚴重。而家治確實再也無法起床，終日躺在病榻。田沼意次做出決定，提出俸祿二百石的條件，請來兩名江戶開業醫師，讓他們擔任大奧醫師，專門負責治療將軍。

兩名開業醫師於八月十九日進城，立即進行治療，不料，醫師之一竟然在三天後遞出辭呈，沒人知道他為何辭職，或許他認為將軍的病情已經無可救藥，或許另有說不出口的苦衷。結果只剩一名醫師繼續負責配藥。

家治自從服用這名醫師的配藥後，急速衰弱下去，但醫師是田沼意次請來的，幕府閣員也就不敢插嘴。

某些重臣建議替換主治醫師，田沼意次卻堅決拒絕。重臣強制調查了醫師開的處方，發現處方並非生命垂危患者使用的藥。看來，剩下的那名開業醫師也一籌莫展。八月二十五日當天，家治也服了藥，可三次都吐出，甚至奄奄一息懇求「這是毒藥，給我換醫師」。但田沼意次依舊拒絕換醫師。最後，家治在當天上午十點左右，停止呼吸，擺脫痛苦。

也就是說，田沼意次請來的開業醫師，僅治療了一星期，家治便過世。

綜合以上資料，日本某些史家認為，真兇實犯不是田沼意次，而是第十一代將軍家齊的父親以及那些反田沼派的幕府閣員。

家齊的父親德川治濟[10]是吉宗的孫子，他為了讓兒子登上將軍之座，早在好幾年前便設下布局。首先，他在家基過世前三年即和田沼意次聯手，將同樣是吉宗孫子立場的田安家逸才松平定信[11]，送到陸奥（福島縣）白河藩當繼子，讓最有力候補的松平定信失去繼任將軍的資格。

之後，德川治濟再與幕府反田沼派閣員暗中串通，毒殺了家基、家治父子倆。待兒子登上將軍之座，他就穩坐於幕後，掌握大權。田沼意次只是德川治濟的棋子之一，田沼意次毒死家基的說法也是反田沼派閣員散布的謠言。

總而言之，田沼意次是政治犧牲者。

※　※　※

不過，上述兩起毒殺事件都沒有留下任何確鑿證據，暗殺說法均為史家根據史料中的斷片記述而立下的假設。

事實上，田沼意次確實缺乏毒殺十八歲少年的動機，將軍家治也在兒子過世後又活了七年之久。就算家基提早繼任，只要家治仍活著，田沼意次的地位穩如泰山，根本不用擔心會被轟下台。其實最期盼家治體

---

10 —— 德川治濟：とくがわ はるさだ，Tokugawa Harusada，「御三卿」一橋德川家第二代戶主。1751-1827。

11 —— 松平定信：まつだいら さだのぶ，Matsudaira Sadanobu，陸奥白河藩第三代藩主。1759-1829。

制永存的人，應該正是田沼意次本人。

據說家治臥病不起後，反田沼派閣員便團結一心，共商大計。家治陷於危篤狀態時，幕府重臣不但禁止田沼意次會見家治，還罷免了田沼的老中職位。兩年後，田沼意次在絕望中病逝，享壽七十。

## 一松平定信的「寬政改革」一

家治過世後，由家齊就任第十一代將軍，老中首席是松平定信。

松平定信被趕到白河藩後，由於改善財政有方，將軍家齊與其父便提拔他擔任老中首席。

松平施行的政策可以說是「反田沼政策」，就是以吉宗時代的「享保改革」為範本，日本史稱之為「寬政改革」，是江戶時代三大改革之一。

「寬政改革」的支柱是整頓綱紀、緊縮財政、否定重商主義、回歸重農主義等，說穿了就是保守反動政治。

在經濟政策上，松平特別注重稻米。為了增加稅收，他除了獎勵穀物生產，還禁止農

松平定信

民栽培可以變賣為現金的紅花、菸草等經濟作物。此外，為了復興農村，甚至頒布「歸農令」，規勸所有從農村前往城市工作的人，統統回鄉務農。而為了穩定農業經營，更命諸藩大名儲藏稻米，以備飢荒。對於老百姓，則讓江戶各町自治會實施定期存款公基金。

這時期，通過田沼時代的重商主義政策，商業蓬勃發展，城市商人的勢力也隨之提高，另一方的武士階級則因沒趕上貨幣經濟潮流，大部分都過著窮愁潦倒的日子。為此，松平定信除了壓制商人勢力，並頒布「棄捐令」，以救濟那些因債台高築而喘不過氣來的旗本、御家人等武士門第。「棄捐令」是一筆勾銷武士門第積欠了六年以上的所有債務，五年以內的債款則全部降低利息。

而且，松平定信認為物價高漲、幕府財政惡化的根本原因，在於老百姓的生活過於奢華，貨幣經濟過於發達，於是開始管制老百姓的私生活，武士階級也不例外。

松平的節約令比吉宗時代更嚴格，更具體。例如商家老婆不准請梳髮師到家裡紮髮髻，連高級點心、小孩的玩具、更換紙拉窗時用的紙、女兒節時擺飾的雛偶人大小等，均受管制。

簡單說來，就是我家逢年過節想重新貼黏榻榻米房的紙拉窗時，不准買高級的寵物專用塑膠紙，也不准買對我來說是「小孩的玩具」的貓塔，大概也不准買進口貨的高級貓餅乾或貓罐頭。

這種生活，您（貓奴）受得了嗎？

最過分的是頒布出版統治令，禁止一切大眾讀物與通俗小說。村上春樹或東野圭吾若生在這個時代，恐怕也不能靠版稅過活了。此外，針對武士階級又發出所謂的「士風刷新」令，禁止武士鬥第研習朱子學以外的儒學。

這種極端政策，不但招來老百姓的反感，稻米經濟政策也不合時代，反倒令城市失去活力，經濟停滯不前，人們的生活益發窘困。

這般那般的，「寬政改革」僅持續了六年，松平定信便被罷官，下台再度當地方藩主。

松平定信並非無能，他在自己的藩國統治得相當好，民生福利方面也做得很充實，領民視他為明君。

我想，這應該是中央政治舞台和地方政治舞台的差異吧。松平定信在中央政治舞台核心時，為了摒除前任執政者的政策，一切都朝反方向前進，完全是「為反而反」。況且，他惹到連將軍也絕對惹不起的大奧。

當時的大奧掌權人是家齊的奶娘。

說起來，大奧女官除了吃得好、穿得美，本來就毫無其他娛樂可言，因而在家齊就任將軍之前，家治時代的大奧御年寄都很支持田沼意次的重商主義政策。後來家齊成為將軍，家齊的奶娘也就母以子貴，大權獨攬。

松平的節約政策並非只針對老百姓和武士門第，他連大奧女官用的信箱繩子長短也要管，甚至打算罷免掌握大奧的家齊奶娘。

在日本，雖然無法伸張女權，但擁有母權的女性地位，比任何先進國家的女性都要強勢。任何女權利益都比不過母權，因而女權主義在日本完全生不起火來。只要看看歷代在大奧左右中央政治舞台風向的女性是誰，便可明白日本的母權到底有多厲害。那些擁有母權的大奧女性，絕對惹不起的呀。

總之，松平不但遭大奧排斥，連老百姓也在壁報板貼諷刺文，說什麼「世間沒有比蚊子更吵的東西，那隻文武蚊吵得人夜夜無眠」（文武意味文武雙全），甚至懷念起田沼時代，說什麼「清澈的白河容不得魚兒住，回頭思念過去污濁的田沼」。

松平是白河藩藩主，田沼的姓剛好又有個「沼」字，「清澈」、「白河」、「污濁」、「田沼」，恰恰對得上，老人小孩都能琅琅上口。如此，松平定信便從中央政治舞台鞠躬下台了。

## ─「海狗將軍」德川家齊留下的爛帳─

我們再來看看第十一代將軍家齊的治世成績單。

十五歲即就任第十一代將軍的家齊，政務都交給親信進行，自己則過著奢侈淫靡的生活，在位期間長達五十年。歷代將軍中，家齊在位期間最長。將軍紙醉金迷，老百姓也就跟著貪聲逐色，世間風紀頹廢，人們道德敗壞。

家齊的正室是薩摩藩藩主女兒，與家齊同齡，四歲訂婚，十七歲正式結婚。但正室只生下一個早夭孩子，家齊便名正言順地陸續納入四十多名側室，而這也只是大致數字，倘若將那些只有一夜之緣的女子也算進，應該更多。

大奧的女性人數，依將軍和時代不同而有很大差異，家

第十一代將軍，德川家齊。

齊時代估計有八百多名，且紀律放蕩弛縱，這時期大概是大奧的黃金時代。

家齊的四十多名側室中，有十六名前後生下二十六男子、二十七女子，總計五十三個孩子，這數字在歷代將軍中也居最高記錄。不過，五十三只是正式數字，要是包括非正式的私生子，那就無法數計了。換個角度來看，無論家齊再如何好色，若缺乏大奧制度，恐怕也無法創出這種記錄。只是，江戶時代的孩子很難平安無事成長，尤其在大奧出生的孩子，因而五十三個孩子中，僅有二十八名活到成年以上。

大家不要以為家齊的紀錄很驚人，比起十八世紀駕崩的摩洛哥國王伊斯梅爾[12]，家齊算是小兒科，人家那位國王有八百八十八個孩子，據說後宮妃嬪多達五百。這位國王活到五十五歲，可是，到底該怎麼努力，才能讓妃嬪生下這麼多孩子呢？光是這些孩子便能組成一隊近衛軍團，我想，當父親的恐怕連孩子的名字都叫不出。

家齊雖子孫滿堂，但並非所有孩子都在大奧成長，不是將兒子送給大名家當繼子，便是將女兒硬推給大名家當媳婦，結果，一些有名望的世襲大名家就變成家齊的兒女回收桶。

---

12——伊斯梅爾：Moulay Ismail，1672-1727，回教國家國王。

回收桶這方既無法婉拒，又為了迎入將軍家孩子，必須張羅東張羅西，左右支絀。特別是迎女兒為媳婦時，從大奧跟來的一堆女官都會一起住進該大名家，若非財力雄厚的大名，恐怕會馬上破產。例如家齊的長女淑姬，也是第十二代將軍的異母姊姊，嫁到德川尾張家時，隨行大奧女官總計七十一名。光是這些女官的吃住，就夠尾張家頭痛的了。

淑姬的丈夫是尾張德川家第十代藩主，家齊又送出十九子給藩主當世子，之後又送出十一子給世子當世子。換句話說，這三人在家譜上是母、子、孫輩分，但在血緣上其實是姊弟關係。而且孫子（哥哥）年齡比其父（弟弟）大，導致親屬關係錯綜複雜，後人根本無法整理出頭緒。

※　※　※

大奧史上最著名的醜聞是「延命院事件」，發生於家齊就任十六年後的享和三年（一八〇三）。

「繪島・生島事件」當然也很有名，但繪島畢竟是政治棋盤上的犧牲者，「延命院事件」則完全是僧侶與大奧女官的男女私通醜聞案。

當時的寺社奉行名為脇坂安董[13]，年三十七歲，是個二十五歲便兼任寺社奉行的英才。

寺社奉行是將軍直屬的宗教行政機關，專門管理與神社、佛寺、雅樂樂師、陰陽師、圍棋師、象棋師等有關的事務與案件。寺社奉行居江戶三奉行最高位，其他二奉行是管理幕府財政的勘定奉行，以及掌管江戶市內行政司法的町奉行。

延命院事件。豊原國周畫。

脇坂安董於年初即聽聞谷中（日暮里）延命院有問題。可是，進出延命院的信徒是大奧女官和御三家、御三卿宅邸的女官，脇坂即便查到大奧某御中臈的侍女已經懷孕的事實，也不能輕舉妄動。萬一惹火了大奧，說不定會家

13——脇坂安董：わきさか やすただ，Wakisaka Yasutada，播磨龍野藩（兵庫縣）藩主，晚年升任為幕府本丸老中。1767-1841。

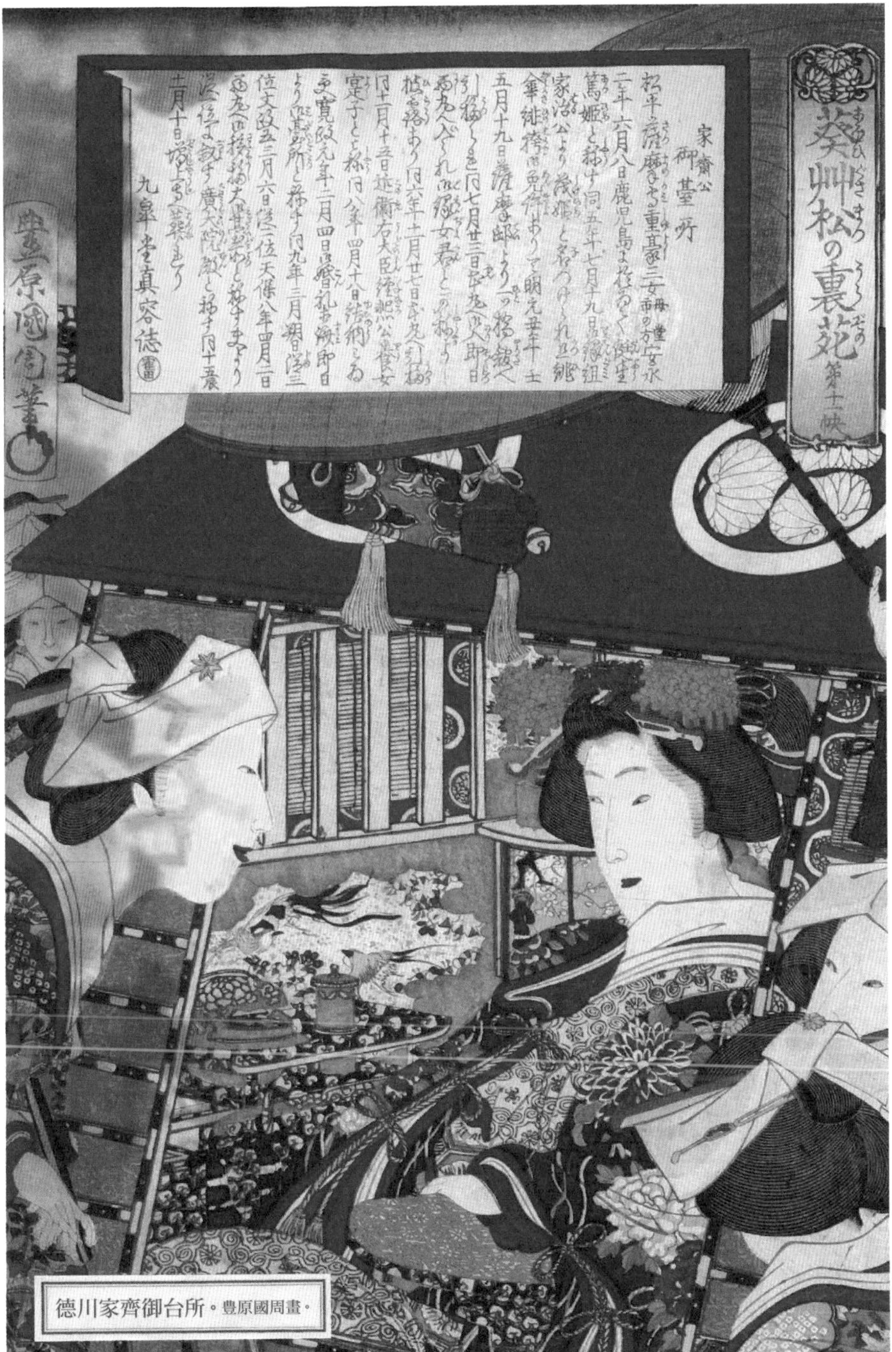

德川家齊御台所・豊原國周畫・

破人亡。

町奉行底下有警察署長、刑警、線人等搜查網，但寺社奉行沒有。所幸脇坂某家臣的妹妹願意擔任特務，代替脇坂暗中進行偵察。成果非常好，她帶回了延命院的密室圖、女官寄給住持的濃豔情書等鐵證。

脇坂得到的寺院密室圖不但設有機關，也設有暗門、通道，穿過暗門及通道，可以進入祖師堂和七面天女堂正殿的三層式祕密房間，祕密房間有好幾個。住持日潤及負責出納的和尚柳全，就在這些祕密房間和大奧女官進行親密關係的驅邪儀式。女官寄給住持的情書，內容極為豔情，據說寫得愈露骨，靈光愈熠熠。

此時的大奧掌權人是家齊的奶娘。將軍生活侈糜，大奧也隨之飽暖生淫。至於那位青史留名的家齊側室美代，還要等十年才會登場。

五月二十六日拂曉四點，脇坂帶頭硬闖延命院進行搜捕。結果，在祕密房間現場逮捕了住持日潤與和尚柳全等十名男女。經調查後，才知曉延命院是高級牛郎俱樂部，住持與和尚為配合女客需求，有時親自下海，有時自外傳喚業餘牛郎。

大奧女官的工作，表面看去很華麗，但實際是女子監獄。官職高的女子，除非父母病危，否則終生都不能出城。那些被尊稱為「御年寄」的女官，年齡通常在三十前後，想和異性談一場戀愛的心情應該與現代人一樣，更不用說年輕健壯的侍女了。想想自己在初中或高中時代，不是經常為了某些言情小說中的情節或對白，而托著下巴望著窗外作白日夢嗎？

大奧女官或大名宅邸侍女，只有在替代御台所或大名夫人前往寺院參拜時，才能歇口氣，順便玩樂一下。官職低的女子，只要能被挑中為隨從之一，大概會高興得整夜睡不著覺，彷彿明天要去遠足或露營。

延命院特別有人氣，是因為四十歲（這點很重要，有體力又有技巧）的住持長得很帥，雖然我不清楚那時的「帥」到底是哪類型的，但據說住持日潤長得很像當時的紅牌歌舞伎演員。

那時代的僧侶是特殊階級知識分子，不但讀得懂漢文經典，通常也具有中醫醫術，講話玄玄的，剛好和具有文化素養的大奧女官談得來。倘若是一般庶民女子，你要是對她說什麼「玄玄焉測之則無源，汪汪焉酌之則不竭」之類的哲學話題，對方恐怕會當你在放屁，睬都不睬你一眼。文青少女最喜歡這類男生了（遙想往昔的自己，然後用力點頭）。

通過口供，脇坂調查出五十八名常客名單，其中十八名與大奧、大名宅邸有關，都是經常捧著一堆白花花銀子當香錢的施主。脇坂明知十八名太少了，只因為過去有「繪島・

延命院事件 • 月岡芳年畫 •

生島」例子，他也不敢大動干戈，倘若繼續調查下去，萬一出現「將軍在大奧亂來，亂生孩子」的口供，說不定脇坂自己會被扣上叛亂罪名，賠上一條命都不夠。

兩個月後，脇坂挖空心思做出的判決是，住持日潤死罪，和尚柳全綁縛街頭示眾三天，再交給總寺院處理。女性是兩名大奧御中臈，各為四十歲、三十五歲，以及御中臈的二十五歲侍女（懷孕中），一名三十二歲尾張家侍女，一名三十歲紀州家侍女，一名二十五歲一橋家侍女，全部訓誡一頓後，再以解僱斷案。

這種判決看似虎頭蛇尾，但是，就我看來，能做到這種程度已經很了不起，值得為脇坂豎起大拇指。對方是大奧、尾張家、紀州家、一橋家哩，您惹得起嗎？我想，在逼供過程中，肯定有許多不能公開的幕後戲，萬花筒般地一幕接一幕演得高潮迭起，火光迸濺吧。

延命院事件。月岡芳年畫。

家齊最寵愛的側室是美代，而且從四十歲直至去世那年的六十九歲為止，他始終只愛美代一人。

※　※　※

美代的養父是在大奥負責將軍日常瑣事的部署總管，生父是一家沒沒無聞的法華宗分寺院智泉院住持，名為日啟，智泉院位於下總國中山村（千葉縣市川市）。當時的法華宗禁止僧侶娶妻成家，但日啟竟有四個私生子。美代應該具有得天獨厚的姿色，才能被養父看中，並收為養女。養父再將美代介紹給家齊奶娘，奶娘再推薦給家齊，結果讓家齊一見鍾情，至死不渝。

美代在大奥升至御中臈地位，於文化十年（一八一三）生下溶姬，兩年後生下次女（三歲時早夭），四年後又生下末姬。養父隨著養女地位提升，也步步高陞，最後成為俸祿二千石身分。

美代的生父日啟也父以女貴，本來門可羅雀的智泉院，竟然一口氣攀升為將軍家驅邪祈福儀式寺院。自此之後，大奥女官為了驅邪、齋戒、代理參拜等活動，不嫌勞累地踏上往返十四里的路程，出城前往智泉院，熙來攘往。

可日啟仍不知足，竟向家齊進言：「眾多子女之所以夭折，是因為家基公之靈作祟。」

這句話擊中了家齊的隱痛。雖然家基毒殺事件毫無證據，策畫人也非家齊，但家齊似乎早已起疑，認為或許是自己的父親所為。於是，立即命人蓋了守玄院，讓日啟當住持，智泉院住持則由美代的哥哥擔任。

嘗了甜頭的日啟，野心勃勃，又想興建與寬永寺、增上寺同等級的將軍家靈堂。湊巧谷中的感應寺成為廢寺，美代便向將軍央求賞賜本為某大名的別墅三萬坪地皮，大興土木重蓋感應寺。工程自天保六年（一八三五）八月動工，翌年十二月竣工。

感應寺不但有豪華正殿、書院，另有金光閃閃的五重塔，而且比起原本的智泉院，離江戶城更近。通過將軍推薦，除了家齊的兒女，御三家、御三卿、諸大名等家族也陸續前來參拜。

此時的美代，在大奧的權勢已完全壓過家齊奶娘，居大奧頂點，榮華至極。美代應該長得很美，且才氣過人。這時期的幕府政治亂七八糟，家齊完全不管政務，更不理會老百姓的生活過得如何，只顧討好美代。

家齊和美代決定將美代生的長女溶姬嫁給加賀前田家。加賀前田家和德川家的關係非常密切，第二代將軍秀忠的次女，以及第五代將軍綱吉的繼女，都嫁到百萬石加賀前田家。

溶姬十一歲時，即與前田家第十二代的十三歲藩主訂婚，三年後正式成婚。文政九年（一八二六）十一月，新娘行列自江戶城出發，目的地是本鄉（東京都文京區）前田家宅邸。

新娘轎子四周跟著大奧上臈、御年寄、中年寄、御中臈等高級女官，若包括侍醫，總計八十六名，一路莊嚴前進。在路邊觀看的群眾，大概會萌生向來神祕莫測的大奧出現在街頭的錯覺。去掉隨從及護衛，這八十六名女官及侍醫往後都將成為前田家的人，吃住都由前田家負責。

前田家為了迎娶將軍最寵愛的側室的女兒，除了重蓋一座與黑色正門顏色不同的赤門，還得趕工興建御殿。據說，光是讓赤門正面的居民搬遷及整地，就花掉一千二百五十兩。新娘行列正是穿過此赤門，進入新蓋成的御殿。

現代的東京大學紅門，就是前田家當時迎娶溶姬時重蓋的赤門，正式名稱是「御主殿門」。建築法與伊勢神宮、出雲大社正殿相似，大門左右設有一整排屋頂瓦崗哨。目

東大赤門

前為東大代名詞的「赤門」，是國家指定重點文物。

※　※　※

這時期，世界正在急劇變動。歐洲發生工業革命，一口氣實現近代化，打著帝國主義旗號的歐美列強也正在往東亞邁進。為此，要求通商的各國船隻相繼駛來。

民間出現對此現象深感危機的學者，某些藩國家老也倡言抵禦外侮為先，這些人均極力主張不可小覷列強國力，持續以文擊撞警鐘，對家光時代以來的鎖國體制發出警訊。然而，幕府無動於衷，反倒彈壓這些言論，全部抓來關進監獄。

為了支撐家齊的糜爛治世，幕府老中只會施行濫造貨幣的權宜之計，沒人針對外患提出改革對策。結果，通貨膨脹，財政窘迫。破產農民驟增，無家可歸的遊民大量流入城市，致使社會動盪不安，內亂頻生。

當帝國列強正逼近日本時，長期經營不善的江戶幕府已疲弊至極點，開始一路滾下坡。

在這種內憂外患的狀況中，唯獨美代一族人欣欣向榮。即便世間流傳美代哥哥擔任住持的智泉院，以及美代生父掌持的感應寺犯了色戒，但這回是將軍最寵愛的側室家人，沒人敢動手。

至於將軍家齊，也為了美代而遲遲不肯讓位給世子家慶。直至天保八年（一八三七），六十四歲的家齊好不容易才遷移至西之丸。表面看似隱退，實際仍掌握大權，直至四年後的六十九歲過世為止。

第十二代將軍家慶就任將軍時，已經四十五歲，而且他還要等到父親斷氣後才能實際掌權。江戶時代的男性平均壽命是四十五歲，家慶等得實在很辛苦。家齊斷氣後，家慶馬上展開對父親的猛烈反擊，只是，家齊留下的那筆爛帳已經爛到沒法清理的地步。

## 第十二代將軍家慶的改革政策

第十二代將軍家慶和第二代將軍秀忠，處境類似，都飽嘗了受父親牽制的辛酸。家慶於四十五歲繼任將軍後，父親家齊為了保全寵妾美代的地位，依舊在西之丸號令。家齊當然不理政務，國政都交給寵臣管，寵臣再以「大御所之令」發布而已。

也因此，家慶在名義上雖是將軍，但他對所有政務都只能回答「就那樣辦吧」這句話，令幕府閣員在背後嘲笑他是「就那樣辦吧將軍」。第四代將軍家綱也是如此，凡事都聽從老中說的，綽號是「就那樣處理吧將軍」。但家綱並非庸碌無能，他只是因為夾在太有名的家光和「犬將軍」綱吉之間，相較之下，顯得不起眼而已。

坦白說，這種君主在歷史上並非毫無作用，幕末時期的長州藩第十三代藩主毛利敬親[14]，正是「就那樣做吧」大名。長州藩是倒幕革命先導，若無藩主說的那句「就那樣做吧」，明治維新也不可能成功。

一般說來，君主自己想出的政策，通常不是上策。德川家康也並非凡事都自己做決定，他總是先讓家臣在會議室彼此辯論得拍桌開罵，待最佳結論大致出來後，才順水推舟表示贊成而已。

家慶耐心地說了四年「就那樣辦吧」，父親家齊也逐漸老弱。於是，家齊的寵臣便頻頻勸說家齊，要家齊命家慶收前田家長子為世子，理由是家慶的世子家定虛弱多病，恐怕無法勝任將軍一職。前田家長子就是美代的長女溶姬生的孩子，家慶當然也耳聞此事，但他無力保護自己的孩子，況且家定確實有病在身。

家齊時代末期的一八三七年三月，不但發生了「大鹽平八郎之亂」，也發生了砲擊美國商船事件，社會騷然不安。

14 —— 毛利敬親：もうり たかちか，Mōri Takachika。1819-1871。

水野忠邦

大鹽平八郎[15]本為大坂警察署長，為了救助因荒災而忍飢挨餓的老百姓，屢次向官府請願救濟災民，卻屢次遭漠視，最後與貧民、農民在大坂起義，卻因有人告密而在起義當天敗挫。起義領導是退休官員這事，令世間人大吃一驚，但此事件不過是冰山一角。

同一年六月，為了送回七名在海上遇難的日本漁民，順便要求通商的美國商船，駛近浦賀港（神奈川縣橫須賀市），但幕府官員卻在沿岸開砲。該商船後來又在薩摩登陸，薩摩藩家老卻拒絕接收遇難漁民，只給予食糧和水、柴火，即趕走交涉人，之後又向商船放空砲威嚇。

處於這種內憂外患的狀況，家齊依舊醉

第十二代將軍，德川家慶。

15 —— 大塩平八郎：おおしお へいはちろう，Ōshio Heihachirō，大坂下級武士（警察署長）、陽明學者、革命家。1793-1837。

大鹽平八郎。豊原國周畫。

生夢死。

天保十二年（一八四一）閏一月，家齊終於過世，「就那樣辦吧將軍」也毅然站起，施行改革政策。

家慶首先起用水野忠邦[16]就任老中首席，再依次罷免家齊的「三佞臣」及其他臣子。水野忠邦本來是京都所司代，是代表幕府留駐京都的官職，後來成為西之丸老中，輔助世子家慶。

由於家慶的行動太快，令大奧驚呼聲四起，不但震動了江戶城，也轟動了整個江戶市。此時，眾人才恍然大悟，原來家慶不是「就那樣辦吧將軍」。

新官上任三把火，但這位新官燃起的火，不僅三把。當時，幕府的財政赤字約五十三萬兩，若單純將一兩算成十萬日圓，等於每年虧空五百三十億日圓，而且赤字會一直累積下去。不實施改革的話，幕府會即刻癱倒。

水野忠邦以德川吉宗的「享保改革」和松平定信的「寬政改革」為模型，斷然實施了「天保改革」，也就是江戶時代三大改革之一。改革大綱也是以增稅和節約令為主。為了增產稻米，提高稅收，水野忠邦甚至頒布了「人返令」，類似松平定信的「歸農令」。

不過，松平定信的「歸農令」只是規勸流入城市的農民回鄉務農，水野忠邦的「人返令」則做得非常徹底。他派人一家家調查，除了已經在江戶成家立業的農民，其他所有來自農村的人全被趕回老家。

節約令之後，水野又發出風俗統治令，打算改變家齊時代的奢侈潮流。不但禁止商人販賣高價點心、料理及華麗衣服，更限制歌舞伎、曲藝場、大眾讀物等庶民娛樂自由，連神田祭的彩車都不准出動。並派出三名心腹部下負責在江戶市內進行取締，俗稱「水野三烏鴉」。

「水野三烏鴉」之一的町奉行鳥居耀藏[17]，取締最嚴，只要看到街上有人穿得光鮮花哨一點，便會當場抓走，關進監獄。當時的人很怕鳥居耀藏，給他冠上「妖怪」之稱。

鳥居耀藏在日本史很有名，不少時代小說家都曾以他為主角寫成小說。例如松本清張、藤澤周平、山田風太郎、平岩弓枝、宮城賢秀、風野真知雄、龍門冬二等著名小說家。中文讀者可以試讀一下宮部美幸的《孤宿之人》，這部小說非常好看，小說中那個被流放到丸海藩的「惡靈」，亦即犯案重臣「加賀大人」，正是鳥居耀藏。

總之，「天保改革」只施行了兩年便以失敗告終，水野忠邦鞠躬下

16 —— 水野忠邦：みずの ただくに，Mizuno Tadakuni，佐賀縣唐津藩第三代藩主。1794-1851。

17 —— 鳥居耀藏：とりい ようぞう，Torii Yōzō。1796-1873。

台，繼任的是另一名能幹的阿部正弘[18]。

※　※　※

阿部正弘於二十五歲就任幕府老中。他在二十二歲（一八四〇）時便奉水野忠邦之命，任職寺社奉行，目的是肅清家齊側室美代的生父及哥哥掌管的智泉院與感應寺。年輕又富有正義感的阿部正弘認為，三十七年前的「延命院事件」，只是單純的住持與大奧女官之間的男女醜聞。但是，智泉院與感應寺的性質與延命院不同。那是將軍最寵愛的側室美代，死纏活纏要求將軍興建第三座德川家靈堂，再讓生父當住持的政治醜聞。

三十多年前偵破「延命院事件」的脇坂安董，這時在本丸擔任老中。本來預計讓年輕的阿部正弘在外進行偵察，脇坂本人則在城內觀察大奧動靜。可是，脇坂竟然在家齊喪儀期間突然在城內暴斃，而且是在職場喝茶時倒下，因此後人懷疑是美代派閣員毒殺了脇坂。

失去城內後援的阿部，仍鼓勇直行進行偵察，最後查到大奧女官躲在送

18——阿部正弘：あべ まさひろ，Abe Masahiro，廣島縣福山藩第七代藩主。1819-1857。

往感應寺的行李箱內，頻繁與感應寺的年輕僧侶私通的證據。阿部立即逮捕了美代的生父日啟（七十一歲），以及哥哥日量的兒子日尚（二十四歲，日量在此時似乎已經過世），並下令銷毀寺院。興建不及五年的亮麗豪華七堂伽藍，包括山門、佛殿、僧堂、經堂、鐘樓、法堂、庫院、五重塔等，便如此付之烏有。不過，裡面的佛像全移轉至其他寺院，材木則回收再利用於鎌倉等地的寺院。

阿部正弘

大奧女官連日提心吊膽，這回到底會拘捕多少人呢？根據口供，除了家齊和美代居所的西之丸高級女官，連本丸大奧高級女官也參與在內，常客多達數十名，一次性的則數不勝數。

阿部正弘的判決既快速又簡潔。他沒有將魔掌伸入大奧，只流放了日啟，並判日尚犯了色戒，將日尚交給其他寺院處理。其他有幾名民間女子被判軟禁五十天或三十天。換句話說，不但沒有出現死者，也沒有讓大奧蒙羞。

將軍家慶派系的老中命阿部正弘進行偵察，其目的在銷毀寺院，並非打算處罰大奧女官。當時的文人均稱讚阿部正弘的判決很理智，甚至將之列為名案之一。

問題是，該如何懲治美代呢？總不能讓美代繼續留在大奧造孽吧。

可美代是前任將軍的側室，任何奉行所都無法動她一根毛。阿部正弘想到，家齊病倒時，家齊的三佞臣曾策畫讓前田家長子當世子一事，美代當時應該也參與了策畫，且讓三佞臣之一寫下偽造遺書。美代似乎將這封偽造遺書交給家齊正室，打算利用大奧權威實行策畫。雖然美代最終沒有用到這封偽造遺書，但一定還留有證據。

阿部想方設法才查到偽造遺書被收存在前任御台所的私用信箱。可是，前任御台所不願意交出證據。按理說，家齊正室平素就看不慣美代的作風，眾人都以為她會老實交出。沒想到，前任御台所深恐自己也會被牽連進「感應寺事件」，遲遲不敢承認。畢竟前任御台所也屢次讓自己的女官出城代理參拜。

阿部用盡方法說服了前任御台所，得到偽造遺書，並將證據交給家慶。家慶在之前便知悉此策畫，只是苦於當時沒有權力，現在親眼目睹證據，勃然大怒，命人將美代押到本鄉前田宅邸，讓前田家負責監禁美代。

之後，由於諸國大名都必須返回自己的藩國，美代的長女溶姬隨前田家回金澤，么女末姬也隨夫家回廣島，美代起初住在下谷池之端某宅子，後來幕府將美代交給本鄉講安寺負責軟禁。

阿部正弘正是基於此事件而受家慶重用，升任為幕府老中首席。但這樁事件以及搜查報告均屬一級祕密文件，《德川實紀》甚至抹消有關智泉院與感應寺的所有記載，後人只能在當時的文人所留下的日記或文書中尋求真相。

換句話說，上述故事都根據野史資料而來。說實話，有些案件確實只能在野史資料窮根尋葉，畢竟正史不會自揭瘡疤。

※　※　※

「家慶、阿部體制」時代，發生了撼動幕府的「黑船來航」事件（一八五三）。數年前起，便已經頻頻發生外國軍艦出現在日本近海的例子，荷蘭商館館長也在前一年告知長崎奉行，說美國使節會在明年前來要求幕府開國。但幕府閣員沒當作一回事。沒想到美國海軍將領培里真的帶著美國總統親筆信，率領艦隊駛入浦賀海面。

幕府本來打算拒絕，但培里艦隊侵入江戶灣進行威脅，幕府嚇得只能領取信件，並表示明年再作回答，暫且讓艦隊離開。

這時，阿部正弘下了空前未有的決定。阿部為了舉國一致解決眼下的困局，讓本來不許插手政治的御三家之一水戶德川齊昭[19]參與幕政，並向福井藩藩主松平慶永[20]、薩摩藩藩主島津齊彬[21]、宇和島藩藩主伊達宗城[22]等諸大名徵求意見。

此時，以德川齊昭為首的攘夷派和開國派，相持不下。結果，阿部正弘選擇了開國，於翌年和培里簽訂《日美和親條約》，並同英國、俄羅斯等國也簽訂了條約。如此，阿部正弘結束了自第三代將軍家光時代以來的鎖國政策。

另一方面，由於德川齊昭堅持「長矛和武士刀也能擊敗大砲」，大奧也跟著緊張起來，眾女官陷於混亂狀況。自上到下，眾人在頭上綁著白布條，每天吆五喝六地在空地練習長矛術。

至於家慶，於「黑船來航」前幾天，在大奧凶宅「宇治之間」房前看到了常人看不見的幽靈，之後便病倒了。培里艦隊離開江戶灣沒幾天，家慶即過世，享年六十一。

家慶過世後，江戶幕府和京都朝廷，以及全國各地藩國大名、有識之士、文人等，便在開國、攘夷、勤王、佐幕這四項選擇之間徘徊，舉棋不定。

## 一大奧最後一位精明能幹的總管——瀧山局一

我先簡略說明一下第十三代將軍家定奶娘歌橋[23]的生平。

歌橋生歿年不詳，祖先是與德川家康同甘共苦過的三河武士。年輕時仰仗熟人關係，進大奧工作。只是，容貌長得不美，身材也稍嫌肥胖，沒受到家慶青睞。她深知自己條件不夠，於是賣力工作，頗得大奧御年寄寵愛，二十多歲即升任御年寄。

當時，家慶膝下還未有嗣子，歌橋竭盡各種方法找來眾多美女，讓她們環繞在自己身邊。美女之一讓家慶看中，於

19——德川齊昭：とくがわ なりあき，Tokugawa Nariaki，德川慶喜的生父，茨城縣水戶藩第九代藩主。1800-1860。

20——松平慶永（春嶽）：まつだいら よしなが（しゆんがく），Matsudaira Yoshinaga（Shungaku），福井縣福井藩第十六代藩主。1828-1890。

21——島津齊彬：しまづ なりあきら，Shimazu Nariakira，鹿兒島薩摩藩第十一代藩主，篤姬的養父。1809-1858。

22——伊達宗城：だて むねなり，Date Munenari，愛媛縣宇和島藩第八代藩主。1818-1892。

23——歌橋：うたはし，Utahashi。

文政七年（一八二四）四月生下一男子，取名政之助，是家慶的第四子。

家慶雖然讓正室及側室生下十四子與十三女，但勉強活到成年的孩子，僅政之助一人。歌橋眼見家慶側室生的孩子一個接一個早夭，主動承攬將軍嗣子奶娘這項重責。政之助在五歲時舉行成年禮，改名家祥。

然而，家祥天生有病，四肢經常痙攣抽搐，有時身子會往後仰。而且因患天花，臉部留下疤痕，所以不喜出現人前，性情偏向陰鬱，只對奶娘歌橋一人敞開胸懷。

父親家慶為了他極度苦惱，偶然發現過去的將軍名字都有偏旁後，勸家祥繼任將軍後改名為家定。

家慶繼任將軍時，許多幕府閣員口沫橫飛主張世子家定無法應對外患，重臣分為擁立紀伊德川慶福（八歲，日後的家茂）的南紀派，和推薦一橋德川慶喜（十七歲）的一橋派，江戶城內鬧得雞飛狗跳。

家慶病倒後，奶娘歌橋立即向精明能幹的御年寄瀧山[24]求救。瀧山於十多歲進大奧工作，此時是西之丸御年寄，四十九歲。家慶過世後，江戶城內紛爭不已，甚至於四個月後才公布將軍過世的消息。在這期間，歌橋和瀧山聯手，再借

24——瀧山：たきやま，Takiyama。1805-1876。

助老中首席阿部正弘的力量，好不容易才在十一月讓家祥登上第十三代將軍之座。

此時，家祥三十歲，他聽從父親規勸，改名家定。

倘若是和平時代，家定大概不會留下任何功績，政務交給幕府閣員去做，他就當個傀儡將軍也不錯。但翌年安政元年（一八五四）一月，培里再訪日本，同年三月逼迫幕府締結《日美和親條約》，局勢實在太惡劣。

安政三年（一八五六）八月，美國第一任駐日公使哈里斯到任；安政四年十一月，哈里斯進江戶城謁見將軍。

對大奧來說，尤其對將軍奶娘歌橋，以及將軍專屬御年寄瀧山來說，這是一幕絕對不能讓家定出醜的大場面。

當天，幕府這方尊重美國方面的習慣，特地準備了椅子，讓哈里斯一行人不用脫鞋，拜見將軍時也不必伏在榻榻米，站著行禮即可。問題是將軍家定，到底該如何做，才能不失身為幕府將軍的威嚴呢？

瀧山和歌橋絞盡腦汁，再結集其他女官意見，特地命人製作一張折疊式座椅，擱在重疊了七張榻榻米的台座上。正面掛著垂簾，垂簾拉至恰恰可以遮住家定頭部之處。折疊式座椅從背部至臀部有舒緩曲線，是皮製墊子，且能固定家定身軀。

女官勤練長矛術。楊洲周延畫。

家定坐在七張榻榻米高的台座座椅上，視線剛好和站立的哈里斯一行人成平行線。

哈里斯在日記詳細記載了當天的謁見過程。由於垂簾遮掩，哈里斯沒看到家定到底戴著什麼冠帽，但可以看清家定的表情。據說，家定聽完哈里斯的致辭後，起初用力將頭後仰至左肩後方，同時蹽響左腳，重複了三、四次同樣動作。這些動作是家定平時便經常出現的毛病，但哈里斯一行人誤以為那是日本獨特的禮儀。之後，就是我在前面提過的類似英國電影《王者之聲：宣戰時刻》的感人回應。

總之，哈里斯對家定的印象相當好。家定也不負眾望，特別是歌橋和瀧山的一片苦心，無可非議地完成了哈里斯的進謁儀式。

如此，家定成為第一位接見歐美列強外交使節的將軍。以此為先例，之後，俄羅斯、荷蘭等列強外交使節便頻頻進城謁見將軍。

※　※　※

為了讓家定有後，瀧山和歌橋費盡了心力。家定十八歲時，迎娶了第一任正室，對方比家定年長一歲，是京都公卿女兒，擅長擊小鼓，前任將軍家慶經常伴著兒媳婦擊打的小鼓，獨唱謠曲。無奈這位正室於七年後患上天花，二十六歲時過世。

翌年，家定又迎娶第二任正室，可這位正室似乎無法適應大奧生活，半年後即離開人世。

家定就任將軍三年後，再度迎娶薩摩藩藩主島津齊彬的養女篤姬。篤姬於事前先成為京都公卿養女，再進江戶城當御台所。

篤姬不但美貌聰慧，且在鹿兒島城外出生成長，身體特別健康。她是為了推舉德川慶喜成為下一任將軍而進江戶城，算是島津齊彬的特務。

三位正室都沒有生下孩子，原因在家定的性功能障礙。不過，家定有一名特別寵愛的側室，名為志賀，據說家定經常和她同房。至於在房內到底都做些什麼事，如今已無從考察。我想，應該是陪家定聊天，或一起玩些可以讓家定開心的遊戲。家定曾捧著用薩摩黑糖製作的長崎蛋糕給篤姬吃，據說篤姬當時覺得很心疼。連肩負特務密令的篤姬都看得心疼了，家定和這位側室的感情，肯定不是男女之間那種剎那愛，而且只要是家定做的甜點，無論味道好壞，她應該都照單全收吧。

總之，在家定治世的四年又九個月期間，沒有任何正室或側室給家定留下嗣子。家定則在安政五年（一八五八）七月過世，享年三十五。

早在家定還未就任將軍之前，幕府閣員便為了繼任將軍人選而鬧得雞犬不寧。然而，德川家血緣的後裔，已經明顯出現了第九代將軍家重，和第十三代將軍家定這兩名殘疾人。而時代潮流更不允許將軍一直躲在江戶城，將軍已然是代表國家的面孔。身為將軍的人，必須站在世界舞台，與歐美列強諸國使節對答。在這種時勢下，幕府閣員會為了將軍人選而分為兩派爭持不下，也是理所當然。

當時的兩大潮流是推薦德川福慶的南紀派，以及擁立德川慶喜的一橋派，後來託奶娘歌橋與御年寄瀧山的盡力，才將家定推上將軍之座。之後歷經家定

眾諸侯進城賀年。楊洲周延畫。

約五年治世，德川福慶已十三歲，德川慶喜二十二歲。繼任者除了這兩人，再也沒有其他人了。前任老中首席阿部正弘過世後，接任的是同為開國派的堀田正睦[25]。

堀田正睦也遲疑不決。該選擇南紀派？或選擇一橋派？最後向大奧徵求意見。

大奧總管兼將軍專屬御年寄的瀧山，終於在安政五年四月做出決定，讓德川福慶繼任，並指名井伊直弼[26]就任老中首席。當然此決定並非瀧山的專斷，是家定的意思。大奧和家定都很討厭德川水戶家，德川慶喜正是水戶家兒子，後來才成為一橋家世子。況且就血緣關係來說，福慶是家定的堂弟，慶喜則要回溯到兩百多年前的德川家康那一代。福慶於六月二十日正式成為家定世子，改名為家茂。家定於六月二十五日頒布世子名單，接著，七月五日發表針對一橋派諸大名的處分……這一連串的破例積極行動，竟成為家定身為將軍的最後一項工作。第二天七

---

25 —— 堀田正睦：ほった まさよし，Hotta Masayoshi，千葉縣佐倉藩第五代藩主。1810-1864。

26 —— 井伊直弼：いい なおすけ，Ii Naosuke，滋賀縣彥根藩第十五代藩主。1815-1860。

月六日，家定便突然去世。由於日期太巧合，後人認為可能是一橋派暗中做了手腳，毒殺了家定。已經知道歷史結果的我，實在無法理解這些男性政治家的腦子到底都裝些什麼豆腐。難道除了毒殺將軍以外，全都沒事可做了？十年後的一八六八年，幕府就倒了，年號變成明治元年。在這種節骨眼上，還老是做些暗殺將軍的無聊事，簡直莫名其妙。結果，幕府一直隱藏家定去世的事實，直至八月中旬才公布。

## ——家茂與皇女和宮的「公武合體」政治聯婚——

安政五年（一八五八）六月，幕府除了開放神奈川（橫濱）、長崎、箱館（函館）等港口，並允許與美國、荷蘭、俄羅斯、英國、法國進行自由貿易。在這種混亂期的十月，家茂以第十四代將軍身分進入江戶城。他是被迫乘上將軍之轎，並非自己想當將軍。

家茂生於弘化三年（一八四六）閏五月，是紀伊藩藩主德川齊順（家齊的七子）的長子，從小在江戶赤坂紀伊藩宅邸成長，生母是藩主側室。按血緣來說，家茂是家齊的孫子、家定的堂弟。

這時，幕府的南紀派正在摸索開國與佐幕之途，一橋派則堅持攘夷與勤皇，老中首席井伊直弼眼看兩派人士互不退讓，毫無接點，乾脆和大奧聯手，讓南紀派的家茂登上將軍之座。井伊直弼決定，就算賠上自己的性命，也要讓日本步上開國近代化之路，這才是唯一的活路。

井伊直弼不但處罰了以德川慶喜為首的一橋派諸大名，更強行彈壓全國各地的反幕勢力，株連人士多達一百餘名，史稱「安政大獄」（一八五八～一八五九）。翌年，小雪飄舞的三月三日早晨，井伊直弼在進城途中遭暗殺，史稱「櫻田門外之變」（一八六〇）。

暗殺者是十七名於事前脫藩的水戶藩浪士，以及一名薩摩藩浪士。脫藩意味向上司遞交除籍請願，離開藩國，成為沒有主君也沒有戶籍的無業武士。

這起暗殺事件的對錯，我也判斷不出，但井伊直弼的死，確實讓勤皇攘夷運動日趨激化，並促成七年後的江戶城無血開城，幕府倒塌，明治新政府成立。

井伊直弼過世後，幕府閣員判斷再如此下去，可能壓不住主張勤皇攘夷的反幕派，於是急速進行「公武合體」政治聯婚。新郎是將軍家茂，新娘是天皇的異母妹和宮[27]。

---

27 —— 和宮親子內親王：かずのみやちかこないしんのう，Kazu-no-miya Chikako Naishinnō。1846-1877。

井伊直弼

和宮起初堅決拒絕這起婚事，但和宮還在娘胎時，父親即駕崩，由同父異母大哥繼位，成為第一百二十一代孝明天皇[28]。換句話說，和宮出生後即沒有父親在後撐腰，是大哥天皇拉拔她長大的，何況兄妹倆年齡相差十五歲，相當於父女關係。簡單說來，孝明天皇是明治天皇的父親，和宮是明治天皇的姑姑。幕府向朝廷提親時，和宮虛歲十五。朝廷與幕府經過多次協議，一波三折，孝明天皇總算開出「實行攘夷，回歸鎖國體制」條件，幕府這方也答應「十年以內必定恢復鎖國體制」，雙方好不容易才談成這起親事。

和宮早就同有栖川宮熾仁親王[29]訂了婚，幕府於事前用金錢取消婚約。和宮只有一條路可走——下嫁江戶城。

第十四代將軍，德川家茂。

※　※　※

十六歲的和宮，於文久元年（一八六一）十月二十日早晨自京都出發。在江戶城內等新娘抵達的將軍家茂，也同樣是十六歲。

起初，和宮一行人預計順著面臨太平洋的東海道前行，但攘夷派志士認為幕府以聯婚為由，打算讓皇女進大奧當人質，繼而又傳出將在途中襲擊隊列，並奪取轎子的信息。於是，一行人臨時改變路線，決定走比較容易守護的內陸中山道。

為防範攘夷派志士滋事，護衛方面極為緊嚴。京都町奉行親自帶領親兵擔任前導，轎子四周有五十名江戶的武術高手，其他幕府相關人員一萬五千，朝廷相關人員二千，另有從京都跟來的四千壯工……規模及人數都超乎尋常，行列長達五十公里。

嫁妝行李也大為可觀。由於走的是山路，光是和歌書櫃、日本琴

和宮

28 —— 孝明天皇：こうめいてんのう，Kōmei Tennō。1831-1867。
29 —— 有栖川宮熾仁親王：ありすがわのみや たるひとしんのう，Arisugawa-no-miya Taruhito Shinnō。1835-1895。

櫃等日用家具，便足以讓壯工費心勞力。最棘手的應該是八張榻榻米大的浴室，以及六張榻榻米大的廁所，這兩件大行李各自讓五十名壯工負責扛抬。

京都至江戶的中山道總計有六十九宿驛，路程約一百三十五里（五百二十六．三公里），路徑是京都府、滋賀縣、岐阜縣、長野縣、群馬縣、埼玉縣，最後一站是東京都。除了上述的護衛隊，旅途中，與路徑相關的十二藩還要派人負責護衛轎子，二十九藩負責沿途的戒備工作。

宿驛方面的人，不但要安排人馬宿舍、準備飯食，還要整備日用器具，增添柴火飲水，忙得不可開交。中山道各個宿驛人山人海，沿途戒備水泄不通。根據中山道險關之一的太田宿驛（岐阜縣美濃加茂市，從江戶數起是第五十一個宿驛）記錄，住宿人數七千八百五十六人，馬匹二百八十，被褥七千四百四十，枕頭一千三百八十，飯碗八千零六十，湯碗五千二百一十，盤子二千一百一十，等等。連日有近一萬名男女陸續住宿，從信州（長野縣）連綿前往上州（群馬縣）。

同樣是「公武合體」聯婚，這回和兩百四十年前東福門院和子入宮當皇后的例子，性質迥然不同。不相干的居民和農民，於事前先把清掃道路、修補房子的事做好，待一行人接近，大家都怕得緊閉門戶，屏氣斂息地躲在家裡。也就是說，幕府禁止老百姓看熱鬧，連家裡的貓狗也要綁在聽不見其叫聲的地方。

十一月十五日，長蛇般的隊列從板橋宿驛進入江戶，結束了長達二十七天的旅程。旅途第二十天，和宮在轎子內訴說身體不適，令隨行的奶娘慌了手腳。十一月十日在板鼻宿驛（群馬縣，從江戶數起是第十四個宿驛）讓同行醫官診察，原來是迎來初潮。虛歲十六歲才來第一次月經，在當時應該也算較晚，其他沒有任何異狀，和宮安然無恙抵達清水德川家宅邸。

十二月十一日早晨，和宮正式進本丸大奧。清水宅邸離大奧不遠，雖是短短距離，幕府仍在四周圍上幔帳，一切按平安時代以來的宮廷儀式，展開一幅華麗的牛車緩行畫卷。

之後兩個月，和宮都在大奧御台所御殿生活。這期間，似乎發生不少紛爭，主要是和宮與朝廷女官及侍女，都不習慣大奧生活。

婚禮拖到翌年二月十一日才舉行。會場是大奧大廳，從正午直至夜晚十點，持續進行莊嚴儀式。

新郎和新娘是在就位時才初次會面。雙方均為虛歲十七的少年少女，兩人只能竭盡全力應付接連好幾天的慶賀儀式，沒時間也沒心情促膝談心。

婚後，和宮拒絕「御台所」這個稱呼，要求眾人稱她「和宮大人」。服裝、髮型、化

大奧婚宴。楊洲周延畫。

妝法也都依照京都朝廷式，並要求御台所專屬的眾女官和侍女也照辦。和宮連大奧最重要的儀式——上午十點的總召見，也以感冒為藉口而缺席。

至於將軍家茂這方，則付出極大心血，即便連連碰壁，也誠心誠意對待和宮，最終得到和宮芳心。無奈天公不作美，小夫妻倆的婚姻僅持續了四年多，家茂便在大坂城過世。

## 一篤姬與和宮的婆媳之爭一

天璋院篤姬是前任將軍御台所，也是現任將軍家茂的養母，對和宮來說，篤姬是婆婆。

篤姬和家定的婚姻只維持了兩年多，而且丈夫家定對房事興趣缺缺，比較喜歡和女官一起搗麻糬、烘甜點。也因此，篤姬成為寡婦時，仍是處女身。而且，篤姬只大和宮十歲，兩人說是婆媳關係，不如說是大姑子與弟媳婦比較恰當。

日語有句俗諺，說「家有一個大（小）姑子，等於有一千個魔鬼」，意思是，對媳婦來說，丈夫的姊姊或妹妹比婆婆還難纏。篤姬本來就反對這起婚事，和宮進大奧時，大奧霸主正是篤姬。

和宮抵達江戶後，先在御三卿之一的清水德川家宅邸待了約一個月，表面理由是感冒和休息，但實際上是因為幕府不接受和宮提出的五項條件，雙方交涉遲遲不進。

五項條件中的「每年返京參加父皇忌辰法事」、「在大奧持續京都朝廷生活習慣」這兩項被撤銷。其他三項則為讓朝廷女官任御台所專屬女官，有事時讓京都舅舅前來江戶，有事時讓大奧上臈或御年寄上京。

就和宮的立場來說，最重要的兩項被撤銷，事到如今，又不能退婚回京都。倘若硬要回京都，會導致幕府和朝廷決裂，和宮只能愁腸寸斷地乘坐牛車進大奧。

而就大奧霸主篤姬的立場來說，和宮明明是來當兒媳婦的人，還提什麼每年父親忌辰要回娘家，在大奧要過京都朝廷生活之類的狂妄條件……

妳這個死丫頭！難不成妳瞎了眼？沒把我這個婆婆放在眼裡？妳知道幕府為了這起婚事到底花了多少錢，勞費了多少人嗎？

如此，和宮還未進大奧，篤姬這方已滿腔怒火，嚴陣以待。和宮進了大奧後，朝廷女官與大奧女官，爭戰更是一觸即發。

婆媳兩人在大奧初次會面時，天璋院篤姬坐在上層房的厚座墊，和宮坐在左側末座，沒有座墊，直接坐在榻榻米。

倘若是一般世間的婆媳關係，這樣做倒也正確，但和宮是天皇寵愛的么妹，篤姬不過是薩摩島津一族的女兒，說難聽點，是地方武官的女兒，因而在場的朝廷女官見狀，無一不怒火中燒。和宮只能忍辱地咬著下唇，事後在房內偷偷淌淚。

孝明天皇收到朝廷女官寄來的報告，起初也氣得打算派出敕使指責幕府無禮，後來遭親信阻止。

天璋院篤姬之所以如此刁難和宮，原因很單純。和宮進大奧時，按慣例必須送禮給婆婆，但禮物的包裝紙只寫著「給天璋院」，沒有尊稱的「樣」或「殿」，相當於直呼對方的名字。此舉令天璋院身邊的女官以為和宮輕視婆婆，妳一句我一句不停火上添油，結果正是上述的報復行動。

不過，換個角度來看，和宮不可能親手挑選或包裝禮物，篤姬也不可能指定會見時要用哪一種座墊，這些瑣事都是女官的職務。說不

定和宮於事後才知道禮物包裝紙上寫著「給天璋院」，篤姬也於會見時才明白座席的安排。就我個人觀點來說，雙方都沒有錯。朝廷女官認為前任將軍夫人身分太低，直呼法號無所謂；大奧女官則認為應該嫁雞隨雞，嫁狗隨狗，何況還有一句「入鄉隨俗」。只是，客觀說來，大奧至少也要給人家一個厚座墊吧？人家是皇女哩。安排座席的御年寄，未免太小心眼了。

天璋院篤姬

※　※　※

當時的大奧，除了天璋院篤姬專屬的二百六十名女官及侍女，其他另有家定的生母（篤姬的婆婆）、家茂的生母（和宮的真正婆婆），這兩個生母各自擁有二百名以上的女官與侍女，人際關係非常複雜。而新來的和宮又帶進二百八十名京都朝廷女官及侍女，使得本來就擁擠不堪的大奧，益發摩肩接踵。也因此，和宮一行人被安排在陰暗小房間。

家定的生母似乎比較規矩，家茂的生母則胡作非為，大奧本來就很混亂了，和宮又堅持讓自己專屬的眾女官與侍女保持京都朝廷的風俗習慣，於是，大奧便展開一場「江戶女」與「京都女」的熱戰。

歷經二百多年歲月的大奧女官及侍女，在日常生活中，無論舉止或禮儀，服裝或髮型，化妝或香粉，都有其特殊慣例，也就是武家門第生活方式。但和宮帶進來的京都朝廷生活方式，與武家方式截然不同。

髮型和服裝不同的話，一眼便能區分對方到底是「江戶女」或「京都女」。先是底下的侍女彼此意氣用事，凡事雞吵鵝鬥，再逐次傳到上級女官與高級女官耳裡，最後才傳到天璋院篤姬與和宮耳裡。如此逐一傳上去的話，輕如鵝毛的小事也會變成重如大象的一腳，這正是篤姬與和宮在大奧所展開的婆媳之爭真相。

江戶武家生活和京都貴族生活的差異，舉例來說，天璋院每天早晨必定沐浴，和宮卻一個月只洗兩三次澡。在料理方面，京都基本是淡薄無味，江戶基本是既鹹又甜；在語言方面，京都話是東折西繞，江戶話是直肚直腸，腔調也完全不同。為此，大奧女官一次又一次交替上演酣戰與冷戰。

然而，將軍家茂極為老實，經常到大奧探望和宮。相對於大奧那些老頑固老處女，十七歲的少年少女仍純真得很，夫妻倆一下子就親親熱熱。浸漬在家茂的愛情與體恤中，和宮才逐漸減輕對大奧的敵視態度。

和宮若讓女官轉交自己的親筆詩箋給將軍，家茂便會手持禮物進大奧，親手送一支玳瑁髮簪給和宮。兩人燕爾新婚，過得相當甜蜜。

某天，眾人前往濱御殿（東京都立濱離宮恩賜庭園）時，不知為何，踏腳石上只有天璋院與和宮的草履，將軍的草履掉在踏腳石下。和宮見狀，不假思索地赤腳跳到地面，挪開自己的草履，再拾起將軍的草履，擺在踏腳石上。

這例子和家齊側室美代生的長女溶姬類似。溶姬嫁給加賀前田家小藩主時，也是帶著一堆大奧女官過去。據說眾女官不怎麼尊敬年僅十六歲的小藩主，但溶姬每次都會親手擺正丈夫脫下的草履。這邊也是一對小夫妻，感情也很融洽。

無論親手擺正草履或赤腳跳到地面，均是小動作。但這些小動作出自本能，沒有愛情根柢的話，絕對做不出。

和宮赤腳跳到地面的舉動，不但令家茂莞爾而笑，也溶化了天璋院與和宮之間的隔閡。

將軍前往濱御殿。楊洲周延畫。

※　※　※

這時期，往昔的攘夷派演變為以打倒幕府為旌旗的尊皇攘夷派，且勢力比以輔助幕府為目標的佐幕派強盛，政局中心舞台從江戶轉移至京都。將軍家茂為了挽回幕府勢力，於婚後第二年的一八六三年三月（舊曆二月），自江戶前往京都，這是幕府第三代將軍家光以來，久違二百三十年的大事。也是在這一年，幕府組成將軍上京之際的護衛隊，正是日後的「新選組」。

此時，家茂在京都待了四個月。

同一年十二月，家茂再度前往京都，翌年五月歸來。

家茂歸來後，也就是婚後第三年六

美代的長女徳川溶姫與加賀前田家小藩主。

月，和宮以為自己懷了孕，經侍醫診察，侍醫也認為可能懷了孕。由於孕婦在懷孕五個月時要使用腹帶，當時大奧為了該用關東式或關西式腹帶而鬧了一陣子。結果，竟然是假性懷孕，害和宮與家茂空歡喜一場。

時代明顯已處於亂世，風聲鶴唳。

婚後第五年的慶應元年（一八六五）五月，將軍家茂為了征伐長州，再度離開江戶城，前往大坂。家茂在出發前一天，進進出出大奧好幾次，並與和宮一起吃宵夜，小夫妻倆離情依依，難分難捨。

擔憂丈夫安危的和宮，甚至與天璋院篤姬商量後，在德川家靈廟增上寺守護主佛前，履行百次參拜儀式，祈求家茂平安。

不料，這一別，竟成為永別。

家茂連續三次離開江戶城，在京都和大坂總計待了兩年多，與和宮的婚姻生活，實際上聚少離多。家茂待在大坂城第一年時，和宮生母過世；翌年七月，傳來家茂病重消息。

和宮的立場令她無法親自到大坂看護丈夫，只能請寺院進行念經儀式，自己則戒鹽祈求丈夫康復。家茂發病以後，在大坂讓西醫主治，和宮仍自江戶城派出好幾名中醫醫師，讓雙方共同治療。西醫診斷是風濕，中醫判斷是腳氣，雙方僵持不下。無奈，西藥也好，中藥也好，均藥石罔效，七月二十日，家茂結束了他二十一年的短暫人生。

同年十二月，和宮的哥哥孝明天皇也駕崩。孝明天皇反對倒幕，始終支持「公武合體」，後人懷疑可能是倒幕派在做鬼。

接二連三失去親人的和宮，沒有餘裕悲悲戚戚，接踵而來的是繼任將軍問題。雖然家茂遺言讓血緣最親的德川家達[30]繼承將軍之位，天璋院篤姬也舉薦家達。但是，和宮不答應。

在這種非常時期，讓年僅四歲的幼兒繼任將軍，不僅會加快幕府弱化步伐，說不定會讓整個日本陷入危境。和宮極力主張挑選年長並可靠的人物。於是，幕府老中挑了一橋慶喜，過來徵求天璋院與和宮的同意。婆媳倆商量後，下令說，可以讓慶喜繼任將軍，但慶喜之後務必是德川家達。

如此，慶喜心不甘情不願地登上第十五代將軍職位。

京都朝廷頻頻催促和宮返京，和宮卻不想離開丈夫家茂墳墓所在的江戶。

30 —— 德川家達：とくがわ いえさと，Tokugawa Iesato，田安德川家第七代當主。1863-1940。

然而，第十五代將軍慶喜過著桌子、椅子的西式生活，似乎缺乏攘夷意志，和宮大為失望，認為自己迢迢嫁到江戶的目的已失去意義，終於決意返京。京都朝廷也勸慰，暫且返京參拜皇陵，之後再回江戶也行，幕府這方也點頭同意。

但是，慶應三年（一八六七），也就是家茂過世第二年，薩摩藩士僱用浪士在江戶市內四處放火搶劫，居民惴惴不安，社會亂成一團。而且市內流傳浪士預計在起大風的日子放火，讓火勢延燒至江戶城，再乘勢闖進大奧，搶奪和宮與薩摩出身的天璋院。

偏巧在十二月二十三日早晨，天璋院的起居室附近發生火災，大奧女官均認為薩摩藩的魔掌已伸進大奧，江戶城內嘰哩呱啦，鬧成一片。為此，幕府請天璋院回薩摩時，天璋院堅持自己是嫁進德川家的人，死也要死在江戶城，雷打不動。

總之，時局變化太快，和宮最終還是無法實現返京計畫。

第十五代將軍，德川慶喜，一八六七年。

第十五代將軍，德川慶喜，一八六七年之前。

—德川家的救星—

德川慶喜本來就擔任家茂的監護人，理應可以迅速交接職務，但他深知德川幕府的困境，不想扛這根搖搖欲墜的大梁，堅拒登上將軍職位。

幕府老中好說歹說地持續苦勸，慶喜才答應「只繼承德川宗家當主」之位。迄今為止，將軍職位一直由朝廷授予，而德川宗家當主與將軍職位也始終被畫上等號。慶喜算是扎破了此盲點，表示「我願意繼承德川宗家，但將軍職位就免談」。如此，慶喜在一八六六年八月繼承了德川宗家。

倘若在十六年前就讓慶喜代替家定就任第十三代將軍，或許幕府仍有挽救餘地，可事到如今才來搖尾乞憐，說什麼也為時已晚，慶喜當然不願意跳這個火坑。

德川慶喜於十九歲時便與朝廷公卿一条忠香[31]的養女美賀子結婚。其實慶喜曾與一条忠香的女兒訂婚，但該女兒因患上天花而毀了容貌，一条家為了承擔責任，讓替身者養女代女兒出嫁。美賀子大慶喜兩歲。

夫妻倆當然住在江戶城一橋御門內的一橋宅邸。三年後，美賀子生下一個女兒，但二十天後即早夭。

一八六六年十二月，慶喜終於接受了朝廷宣旨，就任第十五代將軍。這時的慶喜，已經擺明開國指向，就任將軍的目的正是打算實施開國政策。

一般說來，美賀子應該以御台所身分進大奧，但將軍慶喜為了打開窘迫局面，在大坂城想方設法，無法進江戶城。也因此，御台所美賀子也不進大奧，留在一橋宅邸。江戶城大奧陷於御台所不在的異常事態。

一八六七年十月十三日，慶喜在京都二条城召集聚集在京都的四十藩國重臣，極力主張「政權負有天下安泰的使命，不應該讓德川家壟斷政權」。翌日十月十四日，慶喜即向朝廷呈遞「大政奉還」上奏文。簡單說來，就是將政權還給朝廷，結束持續了二百六十多年的德川幕藩體制。天皇於十五日敕准。

十月二十四日，慶喜再度向朝廷提交辭去將軍職位的辭呈。可是，當時的明治天皇僅十六歲，朝廷公卿也毫無經營政權及外交經驗，實際上應該仍是讓慶喜掌權。結果，倒幕派的薩摩藩、長州藩等，與在朝廷本來毫無勢力的下級公卿岩倉具視[32]等人聯手，暗地進行了一場朝廷政變，肅清朝廷的上級親幕公卿派，之後再以明治天皇之名宣布「王政復古大號令」。

---

31 —— 一条忠香：いちじょう ただか，Ichijō Tadaka，明治天皇皇后的父親。1812-1863。

32 —— 岩倉具視：いわくら ともみ，Iwakura Tomomi。1825-1883。

換句話說，薩摩藩和長州藩、土佐藩等五大雄藩，以武力控制了皇宮，不准任何公卿或親王及朝廷首腦進宮，再讓岩倉具視等人進宮謁見還未舉行即位典禮的年幼明治天皇，強行要來一張號令，成立了以薩摩、長州兩藩掌握大權的新政府。

岩倉具視

新政府不但沒收了慶喜的領地，也剝奪了慶喜在朝廷的右大臣官職。其他藩國不服，打算征伐薩摩、長州兩藩，於是引發了一八六八年（明治元年）一月二十七日（舊曆一月三日）至三十日的京都南郊「鳥羽伏見之戰」。這正是之後為期一年多的「戊辰戰爭」內戰開端。

「鳥羽伏見之戰」時，幕府軍一萬五千，新政府官軍總計五千，主力是薩摩藩兵。就人數來說，幕府軍占優勢，可刀劍畢竟打不過槍砲，幕府軍戰敗，將軍慶喜成為朝敵國賊。慶喜同幕府老中、會津藩藩主等人乘夜離開大坂城，搭乘在大坂灣待機的軍艦逃回江戶。

※　※　※

幕府軍於「鳥羽伏見之戰」敗北後，形成「菊花怒放，葵花凋零」局勢。按舊曆年表來看，慶喜於慶應四年（明治元年）一月六日利用海路返回江戶；七日，朝廷頒布討伐慶喜詔令，高舉錦旗的德川征伐軍開始東行進擊；十五日，新政府通知各藩國「王政復古」。時局動盪的氣勢幾乎可以用「倒山傾海」來形容。

慶喜於一月十二日凌晨抵達濱御殿，再騎馬回到江戶城，進入西之丸。江戶城幕府閣員惶惶不安，大奧眾女官更是坐臥不寧，眾人的話題全環繞在《平家物語》的「祇園精舍鐘聲，流響諸行無常，沙羅雙樹花色，顯示盛者必衰，驕奢者不久長，猶如春夢一場，強梁者終敗亡，恰如風前微塵」。

慶喜在江戶城大廳召集了大名、旗本，進行了一場討論會。到底該向朝廷表明恭順？還是殊死抗戰到底？此時，江戶町奉行兼外國奉行的幕臣，主張用軍艦砲擊正在東行的官軍，再聚集兵力於箱根山迎擊，如此即能戰勝。不過，慶喜最終仍採用了陸軍總裁勝海舟[33]極力勸說的恭順論。

33——勝海舟：かつ かいしゅう，Katsu Kaishū，明治維新功臣之一。1823-1899。

在這種狀況下，與幕府聯手的法國公使表示法國將支援幕府，竭力鼓舞慶喜重整旗鼓。慶喜以國情不同而拒絕。慶喜果然不是昏君，要是一時意氣用事，讓法國參與，其他歐美列強也會趁機侵入，日本將步上中國清朝的後塵。

慶喜雖表明了恭順，但以鹿兒島薩摩藩、山口縣長州藩、高知縣土佐藩、佐賀縣及長崎縣一部分的肥前藩為主體的官軍，目的在殲滅德川幕府，根本不理會慶喜的恭順聲明，依舊以江戶城為目標，勢如破竹地順著東海道進軍。

慶喜只能向天璋院篤姬和靜寬院和宮求救。他向兩位大奧掌權人說明「鳥羽伏見之戰」結果，以及蒙受朝敵國賊污名的來龍去脈，並拜託兩人居中調停。

和宮是現任天皇的姑姑，亦是前任將軍家茂的遺孀，目前只有和宮才能拯救德川家。篤姬則出身自官軍主力之一的薩摩藩，她也有能力阻止官軍砲轟江戶城。

京都朝廷雖痛悔當初應該早點接回和宮，如今和宮成為江戶城的人質，朝廷與天皇均不能見死不救。

和宮的請願書內容主要有三點：坦承慶喜一連串的過失、但慶喜為此而蒙受國賊污名實為憾事、不忍坐視德川家就此滅亡。

說穿了，就是一封謝罪請願書，請求新政府讓德川家存續。這封請願書是和宮奶娘藤子冒著性命危險，從江戶城送到官軍手中。

和宮當然知道東征大總督是過去曾訂下婚約的有栖川宮熾仁親王，因而幕府才會請求和宮擔任調停人。可和宮也有自尊，她總不能幼稚地直接向曾經甩過的男人求救吧。

幸好熾仁親王起用橋本實梁[34]擔任東海道鎮撫總督，亦即攻擊江戶城的前鋒大將。橋本實梁的父親是和宮生母的哥哥，實梁與和宮是表兄妹關係。

情勢十分緊迫，刻不容緩，和宮奶娘藤子一行人於一月二十一日出發，在雪花飄舞的東海道一路疾行。

藤子率領十五名大奧中年寄與高級女官出發，御広敷則挑出三十六名武藝高強的武士隨行當護衛。東海道一路都飄揚著東征軍官軍旗幟。一行人於途中幾次遭官軍妨礙去路，每次都好不容易才穿過陣營，最終在伊勢桑名（三重縣桑名市）與橋本實梁會面，遞交了和宮的信件。藤子完成任務後，又直接前往京都，與新政府三要職之一的長谷信篤[35]見面，傳達了和宮的請願書內容。

34 —— 橋本實梁：はしもと さねやな，Hashimoto Saneyana。1834-1885。

35 —— 長谷信篤：ながたに のぶあつ，Nagatani Nobuatsu，第一任京都府知事。1818-1902。

如此，和宮為夫家做出偉大貢獻，讓德川家存續下來。

另一方面，天璋院篤姬也派遣同樣規模的使者團傳遞請願書，收件人是東海道先鋒薩摩軍大將，亦是東征大總督參謀的西鄉隆盛[36]。

兩封請願書均奏效，令新政府軟化了對德川一族的方針。

此外，幕府陸軍總裁勝海舟也沒閒著，他委託英國公使向官軍發出中止砲轟江戶城的勸告。

新政府官軍預計在三月十五日進行江戶城總攻擊，西鄉隆盛與勝海舟於十三日在江戶見面會談，十四日再度會談，終於談妥了江戶城開城條件，並決定德川家今後的命運。江戶城開城日訂在四月十一日。

條件談妥後，西鄉隆盛立即命人趕往駿府（靜岡市），傳達中止十五日攻擊江戶城的軍令。

36——西鄉隆盛：さいごう たかもり，Saigō Takamori。1828-1877。

四月四日，敕使入江戶城，傳達開城條件、慶喜免死刑、德川家可以存續等詔令。慶喜當然欣喜接受。

※　※　※

大奧終於響起「祇園精舍鐘聲」，千名以上的女人將何去何從？

幕府閣員多次開會協議，最後決定讓第十三代將軍家定生母與家定正室天璋院，轉移至一橋宅邸，第十四代將軍家茂正室和宮與家茂生母，轉移至田安宅邸，而本來待在一橋宅邸的第十五代將軍正室美賀子，則遷移至小石川梅花宅邸（水戶藩別邸）。

然而，天璋院篤姬竟然河東獅吼起來，「我嫁進來時就下定決心，要在江戶城度過終生」，不願出城。

老中們一籌莫展。要是大奧女官團結起來，來個狗急跳牆，後果將不堪設想。離約定的開城日只剩三天，眾老中只得遣使者勸說，「只要離開三天，即符合朝廷旨意」。

「只要三天」和「只剩三天」，意思差很多，完全是一種哄騙手法。不料，這招竟然收效，天璋院爽快點頭答應：「三天的話，無所謂。」

但是，天璋院專屬的二百六十名女官及侍女，完全沒做好任何搬家準備，眾人得知天璋院同意出城的消息後，慌成一團，因為只剩兩天期限。女官們命男傭趕往各自的娘家傳喚女眷，進城幫忙整理行李。衣服和日用品可以塞進衣箱，再貼上簽條送出。可那兩天中，從江戶城送出的行李太多，據說有不少送錯地址或石沉大海的行李。

相較之下，天璋院本人則認為「反正只有三天」，所以只帶一些換洗衣服和化妝品，泰然自若地移至一橋宅邸。

天璋院大概心裡也明白並非「只有三天」，因而離去之前，命女官在大奧大廳、御台所起居室、會客室等各個重要房間，裝飾了眾多現在是國家指定重要文物的美術品和工藝品，說是要讓薩摩、長州等大將進城時，見識一下德川家的威勢。

和宮於四月九日出城，移至清水宅邸，天璋院與家定生母於十日出城，移至一橋宅邸。慶喜於十一日凌晨三點離開江戶，前往水戶。江戶城和大奧變成空無一人的容器，只剩下三、四十名御広敷男性官員留守待命。

四月十一日，兩名監督官與三名尾張藩重臣，從御広敷御錠口進大奧。御広敷官員在前帶路，依次觀看了大奧大廳等重要房間，但沒有進入女官居所的「長局」，只在走廊眺望一眼而已。之後，進倉庫檢查，只是所有工具或用品都封了印，監督官與尾張藩重臣也沒有打開封印檢查，就這樣敷衍了事地結束了江戶城移交手續。

由於過程太馬馬虎虎，據說本來以為會有一場莊嚴移交儀式的御広敷官員，各個大失所望，對天長嘆。最後，御広敷官員也向大奧告別，從平川口退出，時刻是下午四點。

如此，大奧與江戶城同時拉下長達二百多年的歷史帷幕。

五月十五日，東征軍在上野討伐幕府餘黨彰義隊。五月二十四日，德川家達繼承了駿府的七十萬石德川家，慶喜和正室美賀子以及側室均移至駿府。

德川家達

七月十七日，明治天皇發出江戶改名為東京的詔書。九月八日，「慶應」改元為「明治」。九月二十日，明治天皇率領岩倉具視等二千名隨行人員，自京都出發。十月十三日，明治天皇進江戶城，並公布江戶城改名為東京城，且制定「一世一元制」[37]。

37 —— 一世一元の制：いっせいいちげんのせい，Issei Ichigen no sei。一個君主在任期內只用一個年號的制度，例如明治、大正、昭和、平成。

和宮於明治十年（一八七七）九月二日過世，享年三十二。

天璋院沒有回鹿兒島，且堅拒薩摩藩的經濟援助，一直留在東京德川家操持衰微家計，竭盡全力專心撫育年幼的家達。日後還讓家達出洋，並讓家達結婚。明治十六年（一八八三）十一月二十日病逝，享年四十九（滿四十七歲又九個月）。天璋院過世時，匣子內只剩三圓

井伊直弼櫻田門外之變。月岡芳年畫。

（約現今六萬日圓）。

明治新政府之所以能夠接管完好無缺的江戶城市以及江戶城，最大功勞者應該是和宮與天璋院。然而，明治政府官僚在明治時代，將女性地位擠壓至社會最底層的泥淖裡，這筆帳，到底該找誰算呢？

Miya 008

# 大奧日本

作者——茂呂美耶
校對——林孟琦
責任編輯——林秀梅
國際版權——吳玲緯
行銷——艾青荷　蘇莞婷　黃家瑜
業務——李再星　陳玫潾　陳美燕　枡幸君

副總編輯——林秀梅
副總經理——陳瀅如
編輯總監——劉麗真
總經理——陳逸瑛
發行人——凃玉雲
出版——麥田出版
104 中山區民生東路二段141號5樓
電話：(886) 2-2500-7696　傳真：(886) 2-2500-1966、2500-1967
麥田網址：http://ryefield.com.tw
發行——英屬蓋曼群島商家庭傳媒股份有限公司城邦分公司
104 台北市中山區民生東路二段141號11樓
書虫客服服務專線：(886) 2-2500-7718、2500-7719
24小時傳真專線：(886) 2-2500-1990、2500-1991
服務時間：週一至週五09:30-12:00；13:30-17:00
劃撥帳號：19863813；戶名：書虫股份有限公司
讀者服務信箱 E-mail：service@readingclub.com.tw
香港發行所——城邦(香港)出版集團有限公司
香港灣仔駱克道193號東超商業中心1樓
電話：(852) 2508-6231　傳真：(852) 2578-9337
E-mail：hkcite@biznetvigator.com
馬新發行所——城邦（馬新）出版集團【Cite(M) Sdn. Bhd.(458372U)】
41, Jalan Radin Anum, Bandar Baru Sri Petaling, 57000 Kuala Lumpur, Malaysia.
電話：(603) 9057-8822　傳真：(603) 9057-6622　E-mail：cite@cite.com.my
美術設計——江孟達工作室
印刷——沐春行銷創意有限公司
初版一刷——2016年3月29日
初版五刷——2018年4月10日
售價——400元
ISBN——978-986--344-332-2

國家圖書館出版品預行編目資料

大奧日本　／茂呂美耶 著. -- 初版
-- 台北市：麥田, 城邦文化出版
家庭傳媒城邦分公司發行, 2016.04
面；公分. -- (miya ; 8)
ISBN 978-986-344-332-2（平裝）
1. 文化　2. 日本
731.3　105003582